Im Reich der Seele

Kaspar

BU Publishing

Im Reich der Seele

Copyright© 2014 Kaspar (Geboren: Jesper Hjøllund)
Das Buch entstand in Zusammenarbeit mit Jesper Rasmussen.Illustration der Vorderseite: Jesper Rasmussen
Fotos auf der Vor- und Rückseite: Ernst Hjøllund

Übersetzung: Cindy Vikkelsø

Die dänische Orginalausgabe erschien unter dem Titel: I sjælens rige (Veröffentlicht von Kahrius)

Für sonstige Fragen oder Kommentare ist es möglich den Autor zu kontaktieren unter: jesperhjollund@gmail.com

Ich habe gesagt, dass die Seele nicht wichtiger ist als der Körper und der Körper nicht wichtiger ist als die Seele. Und nichts, nicht einmal Gott selbst, ist mächtiger als du. Ich höre und sehe Gott in allem, aber verstehe Gott nicht oder denjenigen, der noch wundervoller sein sollte als ich. In den menschlichen Gesichtern, auch in meinem eigenen Spiegelbild, sehe ich Gott. Ich finde Briefe von Gott auf der Straße. Ich lasse sie dort, wo sie sind, denn ich weiß, wo ich auch immer hingehe, werden andere pünktlich kommen - in aller Ewigkeit!"

/Aus dem Film „Hachiko"/

Danke

Danke an Karen Sloth Lauszus, Kaj Björkman, Grethe Lyberth, Hans Reinholdt und Jesper Engedal, die meine Leitsterne während meiner Krankheit waren.

Danke an meine wundervollen Eltern. Eure unerschütterliche Unterstützung und bedingungslose Liebe ist unübertrefflich.

Danke an meinen Bruder und meine Schwester, meine mir nahestehenden Spielkameraden in meiner Kindheit und meine allerbesten Freunde.

An meine wunderschöne Freundin und Lebenspartnerin: Liebe Freundin, danke für den bedingungslosen Glauben an das Gute in mir. Dein subtiles und unbegreiflich schönes Wesen heilt meine Seele jeden einzelnen Tag.

Danke an jeden, den ich getroffen habe in diesem wundervollen Leben. Einige haben mehr Eindruck hinterlassen als andere, aber ihr wart alle Sonnenstrahlen auf meinem Weg.

Und last but not least einen herzlichen Dank an das Leben, meinem größten Lehrmeister und somit meine wirklichen „Eltern".

Inhaltsverzeichnis

Danke 4
Einleitung 11
Die Botschaft über das bewusste Sein 13
Prolog 15
Eine höhere Wahrheit 17
Ich BIN gut genug, so wie ich BIN 18
Den inneren Kampf stoppen 18
Schönheit entsteht 19
Der Kampf rast noch immer 20
Ich-BIN am wichtigsten von ALLEM 21
Bewusstsein (= Seele) und Körper 22
Bewusstsein 22
Seele 23
Gegenstand – verdichtete Energie 24
„Himmelreiche" 27
Jesus' und Buddhas Weg zu Gott 27
Das Äuβere im Gegensatz zum Inneren 28
Die innere Tiefe und stille Ruhe 29
Viele Dinge können meine innere Ruhe stören 29
Selbst Gott ist „abhängig" von mir 31
Die Wirklichkeit hat genug in sich selbst 32
Ein Krieg entsteht 33
Das Leben-IST nur gut 33

Meine Gefühle - meine Verantwortung ... 35
Ich wünsche mir Konflikte ... 35
Das Leben- IST Schönheit ... 36
Die kynische Liebe des Tierreiches ... 38
(Hier und jetzt) ... 38
Das Leben-IST einfach ... 39
Ich halte an Dingen fest ... 40
So lasse ich los ... 40
Ich-BIN weder meine Gedanken noch meine Gefühle ... 42
Wer BIN ich? ... 46
Ich BIN (ein unsichtbarer) Raum ... 46
Probleme gibt es nicht ... 47
Mein Bewusstsein überwindet ALLES ... 48
Ich BIN richtig, wie ich BIN ... 51
Ich vor dir ... 52
Alle SIND besonders ... 53
Ich wünsche mir authentisch zu sein ... 54
Ich gehe allem voraus ... 56
Ich kann MICH niemals verlieren ... 56
Etwas in mir macht Krach und tut weh ... 57
Ich muss meinem Schmerz ins Auge sehen ... 58
Der Weg aus dem Schmerz ... 59
Das „erleuchtete" Erlebnis ... 60
Das „erleuchtete" Erlebnis verschwindet ... 61
Ich soll alles sein lassen ... 62

Die Welt ist voll mit Gegensätzen 63
Mein Bewusstsein hat keinen Gegensatz 63
Meine Seele ist überall 65
Sichtfeld 65
Die innere und äußere Wirklichkeit 67
Objekt und nicht Objekt 68
Ich BIN die Welt 68
Das Jetzt und ich SIND auch das Gleiche 70
Wir haben alle den gleichen Vater 70
Meine Medizin 73
Das heutige Behandlungssystem 74
Positive Aspekte an meiner Medizin 74
Schwere Gefühle 76
Leben wie es IST 76
Das „Gute" und das „Böse" 79
Frieden erreicht den, der nicht kämpft 80
Frieden in der Welt und Frieden in mir 80
Meine Gefühle brauchen mich 82
Mein selbstkritischer Sinn 82
Der Weg in den Augenblick 84
Ich BIN mein größter Lehrmeister! 85
Lass nun das Leben sein - lass es sein! 89
Eckhart Tolle 91
Meine Fehler 95
Schmerz BIN nicht ich 97

Leben-IST ein ewiger Fluss 98

Das Leben IST voll mit Wundern 99

Das Leben tanzt 99

Hingabe IST Freiheit 100

Der Schmerz kommt zurück 101

Bewusstsein 102

Wenn ich mir voll bewusst bin 103

Ich habe lange Verantwortung übernommen 105

Die Seele ist ein Meer von Energie 108

Das Bewusstsein IST die Essenz von allem 111

Existiert „der andere" überhaupt? 115

Ich denke, also BIN ich nicht 116

Armer Descartes 116

„Sei still und wisse, ich bin Gott!" 117

Sei dein eigener Lehrmeister! 119

Die Welt enthält eine destruktive Energie 121

Die Wissenschaft ist besessen von Gegenständen 123

Kenn dich selbst, bevor du alles andere kennst! 124

Tod gibt es nicht 124

Ich BIN nicht, was ich wiedererkenne 126

Der Platz in mir ist unendlich 126

Ich vergesse mich selbst in Gegenständen 127

Claus macht Eindruck auf mich 129

Pause von all der Geistlichkeit 130

Mein Erwachen 134

Die spirituellen Bücher 137
Sich eine andere Wirklichkeit wünschen 137
Alle meine Fehler und Verfehlungen 138
Die spirituelle Doktrin 138
Das menschliche Ego 139
Alles in allem 140
J. Krishnamurti 142
Mein Bewusstsein manifestiert sich 142
Ich BIN Bewegung und ich BIN Stillstand 142
Die Seele kennt keine Grenzen 143
Die Ruhe vergeht niemals 144
Mein Buch IST gefährlich? 145
Ich habe Angst vor meinen Gefühlen 146
Ich lande immer wieder in der gleichen Schmerzhölle 146
Ich gleite ganz langsam 148
Bewusstsein IST überall 149
Ich BIN keine Idee von mir selbst 150
Das Gedankengefängnis 150
Die Wirklichkeit IST ein Tanz 151
Frieden kann man nicht kontrollieren 152
Thomasevangelium – Das Königreich des Vaters (Das Bewusstsein) 154
Mein bewusstes Wesen 157
Der menschliche Aspekt IST schön 158
Wir sind alle ein Teil von dem gleichen Einen 159
Gottes Erinnerungen an die Menschen 168

Meine innere Höhle 175
Das höchste Vertrauen zum Leben 176
Mein Verstehen von Beziehungen 178
Ich erschaffe das, woran ich glaube 178
Mein Schmerz heilt sich selbst 182
Der Schmerz IST mein Freund 183
Literatur- und Inspirationsliste für dieses Buch 189

Einleitung

Als ich vor einem Jahr anfing dieses Buch zu schreiben, tat ich dies, weil ich so viel auf dem Herzen hatte, das ich in Worte fassen wollte. Nicht lange im Schreibprozess ist mir dann klargeworden, dass dieses Buch mehr oder weniger für mich selbst geschrieben ist. Es gibt noch immer so viele Dinge, die ich nicht verstehe und an die ich mich selbst immer wieder erinnern muss.

Meine Reise durch dieses Leben ist unglaublich gewesen. Ich hatte eine wundervolle Kindheit und Jugend - nicht ganz problemlos, aber es war trotzdem wundervolle Zeitabschnitte in meinem Dasein.

Als meine Teenagerzeit vorbeiging, überkamen mich plötzlich unverständliche und dunkle Gedanken, die ich nicht verstand geschweige denn dass ich hätte damit umgehen können. Trotzdem ging ich gegen diese Dunkelheit mit allem, was ich hatte an – ohne zu wissen, gegen was ich überhaupt kämpfte und auch ohne zu wissen, dass ich eigentlich von Anfang an chancenlos war. Das Resultat meines Kampfes war daher vorherbestimmt und mit dieser Konsequenz fiel ich mit einem lauten Knall auf den Boden der Realität.

Der Kampf gegen das Dunkle, das in mir war, währte 15 Jahre und bis zum heutigen Tage kämpfe ich noch immer, auch wenn es nunmehr darum geht, die Vorzeichen zu erkennen. Jetzt bin ich der Herr in meinem Leben, und weil sich dies so verhält, muss meine dunkle Seite auch weichen.

Damals war ich ganz und gar ausgefüllt mit dunklen Gedanken, daran hatten Ärzte und sogenannte „Experten" keinen Zweifel. Ihre Botschaft an mich: „Du wirst niemals gesund! Niemals!"

Heute kann man sich für diese Prophezeiung nur schämen, da mein „schizoid-typisches" Leiden seinen letzten Vers singt.

Durch meinen Glauben allein, dass alles immer besser werden kann, konnte ich einen Albtraum zu einem Wunder wenden, dieses Wunder, das mein Leben ist und dieses Wunder, das ich mit diesem Buch jedem anderen zeigen möchte und gleichzeitig mich selbst immer wieder daran erinnern:

Der Glaube daran, das ich genau das kann, was ich will, ist genug, um die Wirklichkeit zu erschaffen, die ich mir wünsche. Die Frage ist deshalb nicht, was ist möglich für mich in meinem Leben und was ist nicht möglich, sondern an was ich glaube. Weil ich durch das, an was ich glaube, mich selbst erschaffe und dadurch auch meine eigene Wirklichkeit kreiere.

Mit dem Ausgangspunkt in diesen einfachen, aber alles entscheidenden Tatsachen, möchte ich Sie, lieber Leser, fragen: Was glauben Sie, was Sie erschaffen können in Ihrem Leben?

Die Botschaft über das bewusste Sein

Ich benutzte in meinem Buch viele Zitate aus anderen Büchern oder Sätze, um gewisse Botschaften zu unterstreichen, die ich zu jedem bringen möchte, der dieses Buch liest. Diese Botschaft enthält Informationen über ein höheres Wissen, das in jedem von uns versteckt liegt - die Botschaft über unser bewusstes Sein.

Der Grund, warum ich ein ganzes Buch brauche, um über das bewusste Sein zu schreiben ist, dass es real eigentlich keine Grenzen gibt für das, was wir erreichen können, wenn wir erst einmal in Kontakt mit dieser Seite von unserem höheren Selbst kommen. Darum ist es mein Ziel, dem Leser mit diesem Buch zu zeigen was das bewusste Selbst und somit der Seele ist. Denn, das bewusste Selbst und die Seele sind, wie es auch hier im Buch betont wird, in der Wirklichkeit das Gleiche.
Ich bitte Sie, lieber Leser, in diesem Zusammenhang Geduld mit mir zu haben, wenn Sie meinen, dass ich einige Pointen im Buch wiederhole. Es ist keine kleine Botschaft, die ich versuche hier zu vermitteln. Es ist eine Botschaft, die über einen Schatz erzählt, doch dieser Schatz ist seltsamer als andere Schätze, denn dieser Schatz liegt, wie Sie später erfahren werden, tief in Ihnen versteckt.

Letztendlich möchte ich zu jedem sagen, der dieses Buch liest, dass er nicht die gleiche Meinung haben muss zu dem, was ich hier erzähle. Dafür habe ich dieses Buch nicht geschrieben. Ich habe dieses Buch geschrieben, um mir selbst zu helfen, aber das Paradoxe an dieser Tatsache ist, dass es schwer ist, sich selbst zu helfen, ohne dabei nicht auch anderen auf irgendeine Art und Weise zu helfen.

Wenn mein Buch deshalb eine Inspiration für Sie sein kann und ein paar Reflektionen in Gang setzt, dann bin ich mehr als nur zufrieden. Wenn nicht, ist das auch in Ordnung. Ich möchte Sie bestimmt nicht belehren über das, was für Sie richtig oder verkehrt ist. Denn wer anders könnte Ihnen erzählen, was richtig in Ihrem Leben ist außer Sie selbst?

Viel Vergnügen mit dem Buch!

Prolog

Auf meinem Profil bei *MySpace* schrieb ich vor einigen Jahren u.a.: „Ich möchte mir selbst helfen, um anderen helfen zu können."

Das Ziel dieses Buches, auch wenn meine Herangehensweise eher spirituell ist, ist es eigentlich nicht erleuchtet zu werden. Und auf seine ganz eigene Art auch nicht, andere zu erleuchten. Es geht im Grunde ganz einfach darum über meine Erfahrungen mit der Arbeit zu erzählen, die es vollbrachte, mich selbst zu erleuchten.

In der Zeit, wo ich ‚spirituell suchend' war, las ich viele schöne Worte und Lehren. Nichts von alledem hat mich zu der sogenannten „Erleuchtung" geführt. Ich hatte auch viele schöne spirituelle Erlebnisse und Visionen. Aber auch von denen führte mich keine einzige in das „gelobte Land". Ich erlebe noch immer Schmerzen, ich erlebe noch immer Sorgen, ich fühle Wut und ich fühle Hass.
Jede Reise beginnt genau da, wo man sich befindet, und manchmal ist es genau da, wo man am meisten zu schlucken hat. Aber es gibt keinen Ausweg. Wie möchte ich meine Reise beginnen, wenn ich sie nicht hier anfange? Das mache ich also! Hier, wo mir der Schmerz in den Kopf, in meinem Körper und meiner Seele bohrt.
Ja, ich möchte mir selbst helfen, damit ich anderen helfen kann. Nichts anderes erscheint mir plausibel!

Während der Arbeit an diesem Buch habe ich ein kleines Geheimnis entdeckt in Verbindung mit meinem Schmerz. Zwar fühle ich Schmerzen, aber ich leide nicht. Das hört sich wahrscheinlich unglaublich an, aber es ist wahr. Ich bin ja nicht der Schmerz, aber derjenige, der bewusst ist, dass

der Schmerz da ist. Und meine bewusste Seite, so habe ich entdeckt, leidet nicht. Das ist eine wundervolle Erkenntnis, zu der ich da gelangte.

Eine höhere Wahrheit

Nichts von dem, was ich jetzt schreibe, hat mit der höheren Wahrheit zu tun. Alles, was ich jetzt schreibe, zeigt lediglich in die Richtung oder versucht es auf jeden Fall.

Es ist natürlich kein Geheimnis, dass Eckhart Tolles Buch „Jetzt! Die Kraft der Gegenwart" in meinen Kopf widerhallte, als ich es las. Wenn es vielleicht auch keine Offenbarung für mich war, dann jedoch auf jeden Fall ein Augenöffner. Alle diese Gedanken und Gefühle, die ich im Stillen mit mir herumgetragen habe, die mich meistens nur verwirrt haben oder die mehr oder weniger nur zum sporadischen Gedanken über die große Wahrheit wurden, konnte ich nun zum ersten Mal als vollkommene Vision realisieren.

Für mich war es nicht wirklich ein Erfolg, Eckhart Tolles Buch zu lesen. Trotzdem zeigte mir das Buch das Verständnis einer höheren Wahrheit und stellte dadurch mein Leben in ein anderes Licht dar, doch parallel säte es auch einen Samen in mein großes, selbstdestruktives Verhalten, das ich im Vorfeld hatte.

Kurz erklärt handelt Eckhart Tolles Buch über das Erkennen der Stärke, wenn man das *Jetzt* auslebt und somit die Vergangenheit und die Zukunft außen vor lässt und dadurch aufhört, sich vom Schmerz und negativen Gedanken leiten zu lassen. Unmittelbar hört sich das sehr vernünftig an, aber die Visionen des Buches gaben mir somit nur eine Entschuldigung, um mich selbst ändern zu wollen. Also anstatt mich direkt in mein eigenes inneres Licht zu führen und in einen höheren geistigen Zustand, wie mir das Buch versprach, führte es mich vielmehr weiter hinein in mein eigenes dunkles Inneres.

Ich BIN gut genug, so wie ich BIN

Meine Pointe für mich selbst ist heute: dass ich gut genug BIN, ganz egal wie ich BIN. Keine positive oder negative Eigenschaft meiner Essenz, die bedingungslos gut ist, kann das verändern. Wenn ich mich selbst verändern möchte, passiert dieses paradoxerweise nicht, wenn ich verändere, wer ich BIN, sondern wenn ich akzeptiere, wer ich BIN.

Das ist eine wertvolle Erfahrung für mich gewesen und ist es immer noch. Bis zum heutigen Tag versuche ich immer noch zu ändern was ich denke, mache und sage. Aber es wirkt nicht. Mein Wunsch anders zu sein, der mehr oder weniger automatisch in mir wirkt, erhöht meine innere Unzufriedenheit und macht den Schmerz nur noch größer, als er im Vorfeld schon war.

Den inneren Kampf stoppen

Es ist, als ob ich probieren würde, Gewalt mit Gewalt oder Hass mit Hass zu bekämpfen. Das ist eine richtig schlechte Idee. Wenn ich dagegen nicht versuche mich selbst zu verändern und stattdessen bewusst über mich bin - über die guten sowie schlechten Seiten - gibt es mir etwas Luft. Dann höre ich auf gegen mich selbst zu kämpfen. Ich trete heraus aus meinem inneren Kampf und werde stattdessen Zeuge des Kampfes, der noch immer in meinem Inneren tobt.

Was für eine Energie, die da freigegeben wird! Was für eine Ruhe! Schluss mit dem konstanten Kampf gegen mich selbst! Schluss mit dem Selbsthass! Schluss mit dem Widerstand! Auf der spirituellen Ebene würde man es so ausdrücken, dass ich vom Unbewussten zum Bewussten gegangen bin. Das ist ein großer Schritt.

Natürlich gelingt es mir noch lange nicht dieses Bewusstsein zu praktizieren - und erst recht nicht in allen Situationen. Davon bin ich weit entfernt. Aber wenn es denn doch gelingt, lege ich einen kleinen Samen - ich lege den Samen für eine Verwandlung, der das schöne Wesen öffnet, das ich immer gewesen bin, ich aber nicht immer die Fähigkeit gehabt habe, dies sehen zu können, weil ich viel zu sehr damit beschäftigt gewesen bin gegen den zu kämpfen, der ich BIN.

Für mich persönlich ist es schön gewesen, dieses Werkzeug an der Hand zu haben. Das ist ein Wendepunkt gewesen. Mein Gott, ich habe so viele selbstdestruktive und negative Gedanken in mir! Aber jedes Mal, wenn es mir gelungen ist diese negativen Gedanken zu betrachten und sich selbst überlasse, habe ich einen großen Kampf gewonnen. Wenn ich dieses Feuer meiner negativen Gedanken nicht länger nähre, werden sie nämlich auch nicht länger zu einem Großbrand in meinem Inneren.

Schönheit entsteht

Ich habe viele schöne Erlebnisse gehabt durch das Praktizieren des „Nicht-Teilnehmens" an meinem Inneren Kampf. Eines der größten Erlebnisse war und ist immer noch das Erleben der inneren Ruhe und des Friedens. Eine Befreiung von allen lärmenden Gedanken und schmerzenden Gefühlen. Diese subtile und tiefe innere Ruhe zeigt sich als kitzelndes und liebevolles Gefühl überall in meinem Körper, fast so, als ob mich der Heilige Geist selbst streichelt.

Der Kampf rast noch immer

Ich muss mich stetig daran erinnern: Der Kampf in meinem Innere rast noch immer! Ich bin jetzt nur nicht länger ein aktiver Teilnehmer an diesem Kampf. Ich bin ausgetreten und schaue nur noch zu, was da in meinen Sinnen und Gefühlen vorgeht.

Mein „moralisches" Ich und mein „unmoralisches" Ich kämpfen noch immer und sie kämpfen einen Kampf, den keiner von ihnen gewinnt. Wie der Kampf des Guten gegen das Böse. Wie das Wahrheitsbild der westlichen Mythologie, das von Adam und Eva erzählt. Diese aßen vom Baum der Weisheit und haben dadurch gelernt, zwischen Gut und Böse zu unterscheiden, aber dabei gleichzeitig ihre Unschuld verloren, weil sie angefangen haben Fragen zu stellen über eine Welt, die schon lange vollkommen war.
Und auch ich BIN, wie die Welt IST, bereits vollendet. Ich habe „Gutes" und „Böses" in mir, aber „Gut" und „Böse" ist nicht das, was ich BIN. Wenn ich dieses vollkommen verstehe, dann weiß ich auch, das „Gut" und „Böse" mich niemals bezwingen können aus dem simplen Grund, dass ich den beiden um Längen voraus bin.

Wenn ich dann erkenne, dass beide Seiten nur ein Teil von mir sind und ich gleichzeitig verstehe, dass ich einen freien Willen besitze, der es mir erlaubt, mich nicht dem „Bösen" in mir auszuliefern, aber zu wählen und stattdessen das „Gute" in mir ausleben zu können, dann zeige ich persönliche Stärke und Balance. Dadurch erkenne ich meine dunkle, innere Seite an, aber wähle gleichzeitig, mich dieser nicht auszuliefern.

Ich-BIN am wichtigsten von ALLEM

Das Allerwichtigste ist aber, dass ich verstehe, das ich weder das „Gute" noch das „Böse" bin, aber das Bewusste selbst, das den Platz ermöglicht für das „Gute" und das „Böse". Denn wenn ich erst einmal mein eigenes Bewusstsein entdeckt habe, das jedem Gefühl und Gedanken vorausgeht, was ich empfinde dann weiß ich auch, das nichts im Leben das bewusste Wesen übertrifft, das ich-BIN. Warum? Weil ICH jedem Erlebnis voraus bin in meinem Leben. Ob es nun ein Ereignis, ein Gedanke oder ein Gefühl ist, denn **ohne MICH gäbe es gar keine Erlebnisse.** So wichtig BIN- ICH in der Tat!

Bewusstsein (= Seele) und Körper

Ich kann daran glauben, dass ich ein Bewusstsein (Seele) und einen Körper habe oder ich kann es sein lassen. Mein Bild über Gott und das Leben, das Bild an das ich glaube, geht wieder in das Innere der Menschen. Es ist folgendes:
Gott (oder das Leben) ist ein reiner Geist, reines Bewusstsein. Da Gottes Bewusstsein keine Begrenzungen hat, ist er allmächtig. Aus diesem unbegrenzten Bewusstsein, dieser unbegrenzten Seele, entstand auf wunderliche Weise ein Licht, denn Gott-IST Licht. Und aus diesem Licht sind unendlichen Formen entstanden, die ich als Sterne, Planeten und Menschen, Tiere und Natur kenne.
Alle lebenden Wesen (Menschen, Tiere und Pflanzen) haben ein Bewusstsein. Sie alle haben eine Seele. Bei den Menschen ist es deshalb nicht der Körper, was viele fälschlicherweise glauben, der die Seele aufnimmt, vielmehr ist es die Seele, die den Körper umgibt. Dies geschieht aus dem einfachen Grunde, dass die Seele ewig (grenzenlos) ist und dadurch überall ist, wohingegen der Körper auf Grund seiner Größe ganz klar seine Begrenzungen hat.

Bewusstsein

Da das Bewusstsein (die Seele) keine Begrenzungen hat, hat Gott keine Begrenzungen - und in der letzten Instanz haben es die Menschen auch nicht. Deshalb erschuf Gott mich nach seinem Bilde (in seinem Bewusstsein), deshalb ähnelte ich dem und dem ich ähnelte, war – im Gegensatz zu meinem Körper - vollkommen frei. Deshalb bin ich in meiner Essenz, genauso wie Gott, vollkommen frei. Nichts kann mich also mit anderen Worten begrenzen oder meine Souveränität auf irgendeine Art und Weise ernsthaft drohen.

Hier endet die Reise und fängt auch zugleich an. Hier endet alles, was ich kenne, aber hier beginnt es auch wieder. Dadurch werde ich, wenn mein Leben auf der Erde zu Ende ist, wieder dorthin zurückgehen, wo ich hergekommen bin und zu dem, was ich immer war: Ganz, fehlerlos, frei und eins mit dem All, eins mit Gott.

Seele

Meine individuelle Seele ist der Mittelpunkt meines Wesens. Es ist die Stelle, wo ich mich selbst und andere Menschen erlebe sowie die Welt genau aus meiner eigenen Perspektive. Ohne meine individuelle Seele könnte ich gar nicht mein eigenes Licht von dem, der anderen unterscheiden. Und deshalb ist die Welt auch gefüllt mit Dingen, die unterschiedlich voneinander sind. Denn wenn es nicht so viele unterschiedliche Dinge gäbe, wie sollte ich dann im Zusammenhang mit meiner individuellen Seele, die Dinge voneinander unterscheiden können?

Meine individuelle Seele ist ewig. Sie stirbt niemals. Sie stirbt niemals, weil sie von Gott abstammt, der, wie meine individuelle Seele, ewig ist. Ganz richtig kann man dann mehr oder weniger sagen, dass meine individuelle Seele niemals entstanden ist, sondern schon immer da war, genauso wie Gott immer schon existierte. Das Einzige, was das Leben und Gott somit nicht können, ist das „Nicht-da-sein".

Gegenstand – verdichtete Energie

Sachen oder Gegenstände im physischen Universum bestehen, wie meine individuelle Seele, auch aus Licht, und Licht ist das Gleiche wie Energie. Aber im Gegensatz zu meiner individuellen Seele vibrieren und schwingen Energie und Licht auf einem für den menschlichen Sinn unfassbar hohen Niveau, wo die Dinge im physischen Universum auf einem eher gehemmten Schwingungsniveau sind und in einer viel mehr verdichteten Form. Das ist u.a. der Grund dafür, warum Gegenstände für das menschliche Auge sichtbar sind im Gegensatz zu der individuellen Seele, die für das menschliche Auge unsichtbar ist.
Keine Energie, sowohl Energie in verdichteter Form (Gegenstände) wie auch Energie in unverdichteter Form (Seele), kann sich aufbrauchen, erschafft sich stattdessen konstant aufs Neue. Deshalb sind Dinge im physischen Universum und meine eigene individuelle Seele ewig, weil die Veränderlichkeit, die ich in der Welt oder an mir selbst erlebe ein Ausdruck dafür ist, dass ich selbst sowie die Dinge um mich herum nicht vergehe, sondern stattdessen unendlich umgewandelt (wiedererschaffen) werde.

Das ist übrigens auch eine naturwissenschaftliche Tatsache: Keine Energie kann aufgebraucht werden, sondern wird stattdessen ins Unendliche umgewandelt.

...

Alles, was existiert, ist ewig - wie deren Erschaffer. Der Erschaffer hatte keinen Stock, den er geschwungen hat, keine Schaufel, mit der er gegraben hat, keine Hand, um sie zu heben. Er erschuf alles aus dem NICHTS (ALLES), und zu dem NICHTS wird alles wieder zurückkehren. Was habe ich dann zu befürchten? Warum bin ich ängstlich? Das bin ich nur, wenn ich vergesse, wer ich wirklich BIN und wo ich wirklich herkomme. Ich muss mich daran erinnern, dass mein Bewusstsein ewig ist, denn es kann nicht vergehen. Ich muss wissen, dass meine Seele niemals stirbt, weil man deren Licht nicht löschen kann. Das ist das Wunder des Lebens. Das ist Gottes Geschenk an mich und alle anderen lebenden Wesen.

Es gibt mir Frieden zu wissen, dass die Dinge sich so verhalten und entfalten. Ich glaube nicht daran, um Frieden zu erhalten, sondern eher umgekehrt, weil ich so glaube, erlebe ich Frieden. Bin ich unglücklich, weil ich an Gott glaube? Nein! Beneide ich diejenigen, die nicht an Gott glauben können? Nein! Ich denke nur manchmal, dass es unglaublich leer sein muss, wenn man nicht an Gott glaubt.
Selbst die Menschen, die nicht an Gott glauben wollen oder können, müssen irgendwann einmal erkennen, dass das Leben unendlich viel größer ist als sie selbst. Vielleicht kann es ein Trost für sie sein - für diejenigen, die nicht an Gott glauben, wenn sie wissen, dass sie NIEMALS alleine sind, denn ÜBERALL, egal wohin sie sich drehen und wenden, treffen sie das Leben selbst.
Die Gleichung für alles Leben sieht daher so aus:
Gott = Leben = Seele/Bewusstsein = ICH (DU).
Genau betrachtet gibt es nur ein Bewusstsein, ein Leben, und dieses eine Bewusstsein und dieses eine Leben ist somit kein Geringerer als Sie, lieber Leser! Schauen Sie nicht auf den Körper! Schauen Sie sich selbst an! Die Antwort liegt dort versteckt, denn wo glauben Sie ist real die Grenze für denjenigen, der Sie SIND?

„Der Himmel wird vergehen, und der über ihm wird vergehen. Die Toten leben nicht und die Lebenden werden nicht sterben." – Jesus im Thomasevangelium.

• • •

Wenn ich das lese, was ich gerade geschrieben habe, sehe ich wie schwer es ist meine innere Überzeugung in Worte zu fassen und diese verständlich auszudrücken. So ist es. Ich schreibe auch, um Dinge in eine andere Perspektive zu setzen. Zuletzt ist alles, was ich geschrieben habe, für mich selbst - was bedeutet: Für Sie!

„Himmelreiche"

„Derjenige, der nicht darüber erzählt, kennt es und derjenige, der darüber erzählt, kennt es nicht." -Unbekannt

Der oben stehende Satz beschreibt das Empfinden eines „Glückserlebnisses" (ein Erlebnis mit unbeschreiblichem inneren Frieden), der immer in mir zugänglich ist wie auch in allen anderen Menschen, weil das Erlebnis - BIN ich. Einige bezeichnen das innere Erlebnis als „Himmelreich", andere nennen es den „erleuchteten Zustand" und wiederum andere „Satori", „Nirvana" oder irgendetwas anderes an fünfter Stelle. Dieses innere „Glückserlebnis" ist kein gesprochenes Wort, keine erledigte Sache, denn ein Erlebnis ist weder erzählt noch gemacht. Wenn ich persönlich das höchste von meinen höchsten, inneren Erlebnissen beschreiben sollte, dass ich eventuell selbst erleben könnte – dann vermute ich, ist es genauso wie das Erlebte von Buddha und Jesus. Man kann nur mit Worten und Zahlen kommen, die zu diesem Erlebnis hinweisen. Das eigentliche Erlebnis muss ich bezeugen können, um es zu kennen.

Jesus' und Buddhas Weg zu Gott

Jesus benutzte oft Gleichungen oder Analogien, um zu versuchen die Menschen zu leiten und deren Aufmerksamkeit auf das innere Glückserleben, das sich für ihn offenbart hat, zu lenken: „Euer Bewusstsein ist wie ein Senfsamen, kleiner als alle anderen Samen, aber wenn er auf fruchtbare Erde fällt, wird es zu einer großen Pflanze, die den Vögeln Schutz bietet." – Thomasevangelium.

Wenn Buddha hingegen gefragt wurde, wie er es in sich gefunden hat, war seine Antwort darauf oftmals Schweigen. Als ob sein inneres Erleben, nach dem er gefragt wurde, so WAR: „Sei still und wisse, ich bin Gott." – Das Alte Testament.

Ja, dieses innere Erlebnis habe ich viele Male gehabt. Ich kann in mein Inneres eintauchen und es finden, weil es für mich immer zugänglich ist, aus dem einfachen Grunde, dass ich diese Erlebnis BIN. Aber wenn ich mich davon abwende und in der Welt danach suche, anstatt in mir drin, werde ich es niemals finden. Es ist dort „wohin keine Motten dringen und auch kein Wurm zerstört." – Thomasevangelium.

Das Äußere im Gegensatz zum Inneren

Alles, was sich draußen in der Welt befindet, kann zerstört werden von Motten und Würmern. Alles was äußerlich ist, kann vergehen zu irgendeinem bestimmten Zeitpunkt. Aber keine Motte, kein Wurm kann mein Bewusstsein (Seele) zerstören, da es kein Gegenstand ist. Ich kann mein Bewusstsein nicht sehen, aber ich kann es erleben. Ich muss mich nur wiederkennen, da ich mein Selbstbewusstsein BIN. Wenn ich mein Bewusstsein wiedererkannt habe, welches vor jedem Gegenstand auf der Welt existiert, dann entsteht ein Zustand in mir, bei dem alles einfach, ganz und schön ist.

Die innere Tiefe und stille Ruhe

Es ist die innere, tiefe und stille Ruhe, die ich vorher beschrieben habe. Ein kitzelndes, weiches und liebevolles Gefühl. Vollkommen friedlich. Je mehr ich mir über mein eigenes Inneres bewusst werde (sprich: Je bewusster ich über mich selbst werde), desto mehr entdecke ich, dass meine innere Ruhe dabei wächst.

Manchmal fällt es mir schwer, das Erleben von mir selbst festzuhalten, weil es so viele Dinge in der Welt gibt, aber auch in mir drin, die dieses Erleben distrahieren können.

Viele Dinge können meine innere Ruhe stören

In meinem Inneren können heftige Gefühle und quälende Gedanken ihre Wirkung entfalten, die in der Lage sind, meine innere Ruhe und Balance kaputtzumachen. In meiner äußeren Welt kann dies z.B. sein, wenn andere Menschen Lärm machen oder die ganze Zeit ununterbrochen reden, wenn mein Radio schnarrt oder wenn im Fernsehen z.B. Gewalt- oder Sex-Filme laufen, Kriegsberichte in den Nachrichten oder Werbung, die alles daran setzen, ihre Produkte zu verkaufen. Ansonsten können es Autos sein, die auf der Straße hin und her dröhnen. Selbst oben in der Luft gibt es Lärm durch Flugzeuge, die gelegentlich hin- und herfliegen.
Ist dieser ganze Lärm eigentlich notwendig? Nicht wenn man mich fragt! Wir Menschen könnten es einfacher und eine viel ruhigere Gesellschaft haben, wenn wir nur die Werte einer

solchen Gesellschaft verstehen würden. Die Chancen dafür, dass wir in einen tieferen Kontakt mit unserem Bewusstsein (Seele) kommen könnten und die Schönheit im Leben und in uns selbst entdecken würden, wäre signifikant größer. Fakt ist, dass wir dieses nicht wünschen. Noch nicht. Wir vergessen uns im Lärm und sehen nicht unser eigentliches Ich. Aber unser Bewusstsein ist die ganze Zeit da. Auch wenn wir es nicht sehen. Alles, was es verlangt ist, dass wir darauf *aufmerksam* werden.

• • •

„Du sollst die Veränderung sein, die du gerne in der Welt sehen willst." – Gandhi

Wieder einer von diesen klugen Sätzen, der mich plötzlich auf meinem Lebensweg trifft. Der Satz kann unterschiedlich verstanden werden. Auf der einen Seite zeigt er mir, dass es wahrscheinlich schwerer ist eine ganze Welt mit einer Vision zu überzeugen, statt nur sich selbst zu überzeugen. Und auf der anderen Seite bedeutet er, dass ich selbst die ganze Welt BIN.

Unmittelbar würde ich wahrscheinlich denken, dass dies nicht passt, aber, wenn ich noch einmal darüber nachdenke, muss ich erkennen: NICHTS existiert ohne mich. ALLES, was in meinem Leben ist, braucht eine Zutat: MICH!
War ich schon mal an einer Stelle in meinem Leben, wo ich nicht mit dabei war? Und wenn ich glaube, dass ich dieses war, dann war ich wahrscheinlich mehr beschäftigt mit einem Gedanken, einem Gefühl oder einem Ereignis. Trotzdem muss ich mich der Tatsache stellen, dass ich hier oder da mal nicht ganz bei der Sache war bei einigen Dingen, aber es war immer noch ICH, der so beschäftigt war.

Ich-BIN ist die Voraussetzung für ALLES, das IST und darüber zu reden was außerhalb meines Bewusstseins existiert, ist genauso sinnlos wie darüber zu reden was passiert, wenn das

Leben nicht wäre. Denn **da, wo kein Leben ist, sind keine Erlebnisse und weil ich Leben BIN, erlebe ich!**

Selbst Gott ist „abhängig" von mir

Deswegen ist selbst Gott abhängig von mir. Ohne mein Wissen von Gott würde Gott keine Relevanz in meinem Leben haben. Wenn ich an einen unabhängigen und selbstständigen Gott glauben würde, der an einer Stelle außerhalb meines Bewusstseins existieren würde, wäre ich auf dem verkehrten Weg. Gott kann nur solange Relevanz für mich haben, solange ich mir bewusst über Gott bin. Denn wenn Gott nicht in meinem Bewusstsein ist, wie will ich dann wissen, dass es überhaupt Gott gibt?

Weil es Gott in meinem Bewusstsein gibt, kann ich mich nicht von Gott trennen und von dem, der ich BIN und Gott kann sich deshalb nicht von mir trennen. Und deshalb sind Gott und ich für immer verbunden durch das Bewusstsein, denn nur das, über das wir uns bewusst sind, existiert für uns.

Ich sage es noch einmal: **ALLES ist durch das Bewusstsein verbunden, denn nur das, über welches wir uns bewusst sind, existiert für uns!** Die unausgesprochene Sprache beurteilt nicht

Die gesprochene Sprache ist voll mit Vorurteilen über richtig und verkehrt, gut und schlecht, aber hinter den Worten, hinter der gesprochenen Sprache, versteckt sich eine andere Sprache, die nicht beurteilt oder sich nur schwer einordnen lässt, aber genau das sieht, was IST, ohne ein einziges Urteil zu fällen. Ich kann es selbst ausprobieren. Wenn ich mit einer anderen Person rede, achte ich darauf, wie der Dialog verläuft, der die eine Sache ist, während die Körpersprache - und besonders die Augen - etwas ganz anderes aussagen können. Ich muss einfallsreich sein, denn sobald ich z.B. eine Veränderung der Gemütsverfassung durch den Augenausdruck des anderen registriere, steht mir mein Sinn im Weg und versucht zu verstehen und zu interpretieren, was der andere gerade wirklich denkt.

Die Wirklichkeit hat genug in sich selbst

Aber die Wirklichkeit braucht keine Interpretation. Die Wirklichkeit ist bereits da, bevor ich sie interpretiere. Meine Interpretation der Wirklichkeit geschieht auf die Art und Weise, dass ich der Wirklichkeit meine Urteile auferlege. Damit habe ich die Wirklichkeit + meine eigene Interpretation daraus. Das ist wie gesagt nicht die Wirklichkeit, sondern meine eigene persönliche Steigerung davon.
Es ist natürlich nicht verkehrt, wenn ich eine Meinung von der Wirklichkeit habe und von den Dingen, die passieren. Ich muss aber aufmerksam sein, denn sehr schnell kann meine eigene Haltung die Wirklichkeit übernehmen und plötzlich betrachte ich nicht mehr die Wirklichkeit mit neutraler Brille, sondern mit meiner eigenen und persönlichen Ansicht davon.

Wenn ich nicht aufpasse, übernehmen meine Gedanken vollständig die Kontrolle, so, wie es für die meisten Menschen heutzutage typisch ist und die Wirklichkeit wird zu einer Reihe „mentaler Bilder", die real nur in meinem Sinn existieren. Am Ende kann das fatale Folgen haben – nicht nur für mich selbst.

Ein Krieg entsteht

Es können Kriege entstehen. Es können Konflikte geboren werden. Der Wirklichkeit werden persönliche Meinungen zugefügt und plötzlich ist dort das eine richtiger als das andere. Plötzlich verlangt ein Mensch, dass andere Menschen das machen sollen, was er befiehlt, um diese seine eigene, persönliche Vision zu realisieren.

Man braucht ja nur auf historische Personen wie Nero, Stalin und Hitler zu schauen. Diese Personen wollten die Wirklichkeit nicht so wie sie war, sondern wünschten sich die Durchsetzung ihrer eigenen kranken Ideen, und bevor es die Menschheit überhaupt verstand, hatten sie einen Völkermord oder sogar einen Weltkrieg. Für was? Mit welchem Ziel?

Warum geht letztendlich eine ganze Welt in den Krieg, wenn doch ein jedes Kind weiß, dass es doch eigentlich den Frieden bevorzugt? Es fängt glaube ich alles damit an, wenn ich die Wirklichkeit nicht sehen oder akzeptieren will, wie sie IST und mir stattdessen wünsche sie zu etwas anderem zu machen. Wenn ich von der Idee in meinem Kopf ausgehend die Wirklichkeit umschreiben möchte. Arme Welt, wenn diese Idee von einem kranken Hirn kommt.

Das Leben-IST nur gut

Sind die Menschen grundsätzlich „böse"? Einige werden sagen: Ja! Ich glaube jedoch, dass alle Menschen das „Gute" sowie sie das „Böse" in sich tragen. Die Essenz aller Menschen muss rein sein, solange ich akzeptiere, dass alle Menschen eine Seele haben, weil die Seele wie gesagt im Gegensatz dazu nicht bewertet.

Aber wenn ich mich in eine Auffassung verliere, die mir sagt, dass ich der „Gute" bin und die anderen die „Bösen" sind – dann entferne ich mich von meiner neutralen Essenz und habe somit einen Samen für einen Konflikt gepflanzt.
Das ist aber nicht immer so, und die Wirklichkeit ist als Ausgangspunkt auch nicht so. Das Leben nimmt nämlich keine Stellung. Es beurteilt nicht. Das Ziel des Lebens ist es Dinge freizugeben, damit sich alles präzise so entfalten kann, wie es gewünscht wird (Neale Donald Walschs „Gespräche mit Gott 1-3"). Deshalb ist es nicht das Leben, sondern die Menschen, welche urteilen. Das Leben ist, was es IST und ist deshalb nur gut.
Aber die Menschen nehmen Stellung, die Menschen haben eine Meinung und wir beurteilen nicht nur uns selbst, sondern auch andere. Das blieb nicht ohne Folgen für uns. Ein Blick auf die menschliche Geschichte der letzten 5000 Jahre zeigt sehr traurige Bilder von Kriegen, Mord, Gewalt, Vergewaltigungen, Armut und Leiden, und bis heute findet man nirgendwo wirkliche Anzeichen dafür, dass wir irgendetwas daraus gelernt haben.
Wenn kein Mensch in den Krieg zöge, herrschte wie gesagt Frieden. Wenn kein Mensch den anderen beurteilte, sondern auf sich selbst und seine eigenen Fehler aufmerksam wäre, würden Konflikte seltener vorkommen. Jesus' Gebot der Nächstenliebe und der Verzeihung wird eigentlich komplett ignoriert. Wo sind meine Feinde, wenn ich sie liebe? Wo ist der Selbsthass oder Hass anderen gegenüber, wenn ich vergebe? Warum höre ich nicht zu? Es ist so einfach, fast schon zu simpel – und dabei trotzdem so schwer!

Meine Gefühle - meine Verantwortung

Wir Menschen sind nahezu Experten darin, andere für unsere eigenen Fehler und Verfehlungen verantwortlich zu machenanstatt selbst die Verantwortung für uns zu übernehmen. **Es sind *meine* Gefühle, deswegen ist es auch *meine* Verantwortung.** Wenn ein Mensch etwas zu mir sagt, das mich traurig macht, ist es meine Verantwortung mit dem Schmerz in mir umzugehen - auch wenn ich meine ungerecht behandelt worden zu sein. Wer außer mir sollte denn sonst mit meinen Gefühlen umgehen?

Das bedeutet jedoch nicht, dass ich nicht einen lieben Menschen darum bitten kann, nett mit mir zu reden. Was sollte mich davon abhalten? Ungeachtet dessen, ob der Mensch meiner Aufforderung nachkommt oder nicht, kann ich die Verantwortung für das, was mich verletzt nicht einfach beiseiteschieben. Denn das, was ein anderer Mensch zu mir sagt, liegt auch in seiner Verantwortung, deshalb ist alles, was ich fühle auch alleine in meiner Verantwortung - ganz alleine in meiner.

Ich wünsche mir Konflikte

Oft sind Dinge einfacher gesagt als getan, aber es findet sich kein Weg außenherum. Ich muss lernen Verantwortung für meine Gefühle zu übernehmen, anstatt es zu einem Anliegen für andere zu machen. Nichts hindert mich daran glücklich zu sein und meinen inneren Frieden zu finden, aber vielleicht wünsche ich dies gar nicht? Schauen Sie sich um, z.B. da wo Sie gerade sind. Wo sind die Konflikte? Wo ist die Unruhe? Oftmals werden wir herausfinden, dass der einzige Konflikt, der existiert, nur der in unserem Kopf ist oder besser gesagt in unserem Sinn. Wir erschaffen ihn, weil wir ein Thema wieder aufgreifen, z.B. mit einem Partner oder Freund, das jedoch schon längst stattgefunden hat.

Das mag sich paradox anhören und warum sollte man Schmerzen der Glückseligkeit, warum Unstimmigkeiten dem Frieden vorziehen? Vielleicht liegt es daran, dass ich das gerne mag, was ich kenne? Und vielleicht ist das, was ich kenne, oft mit Problemen, Unruhe und Konflikten verbunden, weil es das ist, was mich und die Welt, in der ich mich bewege, am meisten beeinflusst.
Trotzdem ist das Leben IMMER viel, viel mehr und viel größer als die bloßen Probleme!

Das Leben- IST Schönheit

Das Leben ist ein Hafen voller Schönheit, und weil ich das Leben BIN, bin ich auch diese Schönheit. Meine ganze Essenz (die Seele) scheint wie die klarste Sonne und es gibt keinen Grund, mich von diesem Wunder abzuwenden, das ich in Wirklichkeit BIN.
Wenn ich erst meine eigene Schönheit kenne, habe ich keine Probleme mehr damit, meinen eigenen Wert zu verstehen und dadurch auch keine Probleme mit dem Wert der anderen. Wenn ein anderer Mensch mich dann versucht zu verletzen, erkenne ich schnell, dass ich über dieser Person stehe, die ihre eigene Schönheit, ihr eigenes Licht vergessen hat und dadurch auf dem falschen Weg ist im Gegensatz und im Verhältnis zu dem eigentlichen Selbst (die Seele). Was bleibt mir also anderes übrig als Mitgefühl mit diesem Menschen zu haben und zu wünschen, dass diese Person ihre eigene Schönheit wiedererkennt - genauso wie ich meine wiedererkannt habe.

So finde ich mein eigenes Bewusstsein: Ich schließe meine Augen und achte auf den nächsten Gedanken der auftaucht in meinem Inneren - so habe ich mein Bewusstsein gefunden. Derjenige in mir, der „ein Auge" auf den nächsten Gedanken hat, der kommt, IST mein Bewusstsein.

Die kynische Liebe des Tierreiches

(Hier und jetzt)

Das Tierreich kann einem oftmals grausam erscheinen, weil alles so wirkt wie ein Kampf ums Überleben. Aber die Tiere meistern etwas, das wir scheinbar schon lange vergessen haben: Sie sind im Hier und Jetzt. Sie liegen nicht in ihren Höhlen oder sitzen auf ihren Bäumen und denken darüber nach, wie grausam die Wirklichkeit eigentlich ist. Sie leben ihn - jeden Augenblick! Die Vögel singen um ihr Leben. Die Löwen jagen, wenn sie nicht liegen und vor sich hindösen und die Dachse graben Löcher und finden dadurch ihr Fressen. Es klagt keiner. Es ist ein reines Anpassen an die Umstände, die gerade JETZT gelten.

Für mich als Mensch mag es heftig aussehen, wenn im Fernsehen ein Löwe eine Antilope erlegt. Aber die paar Sekunden, wo der Löwe die Antilope in den Nacken beißt, ist sie bereits schon in einem Schockzustand oder betäubt durch das Adrenalin und merkt nur noch wenig oder fast gar nichts mehr. Die Antilope fürchtet sich nicht ihr ganzes Leben lang, dass sie von ihrem Gegenüber erlegt wird oder vor dem Tag, an dem sie eingefangen wird. Nicht eine Sekunde. Sie hat jeden Augenblick voll ausgekostet und jeder Augenblick wurde bestimmt von dem, was sie tat. Sie lief durch die Savanne, trank Wasser, schlief und stand wieder auf. Sie graste, hörte einen Laut und fand heraus, dass ihr keine Gefahr drohte. Alles in allem eine Reihe voll problemfreier Augenblicke zusammen mit allem, das IST.

Das Leben-IST einfach

Kann ich damit prahlen, dass ich das kann, was z.B. eine Antilope kann? Kann ich jeden Augenblick so hinnehmen wie er IST anstatt jede einzelne friedliche Stunde mit meinen Sorgen und meinem Stress zu füllen, nur weil ich mich nicht analog zu dem verhalten kann, was vor mir liegt: Leben wie es IST, im Hier und Jetzt. Ich stehe auf. Ich bürste mein Haar und putze meine Zähne. Ich gehe in die Küche und mache mir einen Tee. Ich schaue aus dem Fenster und sehe einen Vogel singend in einen Baum sitzen. Mein Kind kommt aus dem Zimmer, ich sehe ein teilweise müdes, aber schönes Gesicht. Ich merke die Liebe in mir und fange an Frühstück zu machen mit Freude und Dankbarkeit zugleich in mir.

Hier ist keine Furcht, keine Verlustangst. Verluste werden noch kommen, aber was habe ich dabei gewonnen, wenn ich mich jeden einzelnen Augenblick in meinem Leben davor fürchte, bis es dann endlich geschieht? Alle Menschen werden geboren und alle Menschen sterben, an einigen von uns gehen die Grausamkeiten des Lebens vorbei, aber warum lasse ich mich von dieser Tatsache im Hier und Jetzt beeinträchtigen? Warum will ich nicht akzeptieren, dass ich z.B. mit meinen Händen im Schoß auf dem Sofa sitze und das Leben gerade jetzt total unproblematisch ist? Warum erlaube ich mir nicht selbst glücklich zu sein durch simple Dinge, aber auch durch die subtile Tatsache, dass ich BIN?

Ich halte an Dingen fest

Vielleicht möchte ich es nicht, weil ich die Tendenz habe, mich an Dingen festzuhalten, die in meinem Leben geschehen und immer wieder darüber nachzudenken. Wenn jemand z. B. eine unpassende Bemerkung auf meiner Arbeit zu mir gemacht hat, war diese Bemerkung binnen Sekunden ausgesprochen. Warum brauche ich dann Tage oder Wochen, um diese Bemerkung in meinem Kopf hin und her zu drehen, um herauszufinden, ob sich eine böse Absicht dahinter verbirgt? Oder ob ich es vielleicht war, der falsch verstanden hat, was da gesagt wurde?

Warum brauche ich Tage oder sogar Wochen, in denen ich mich verletzt fühle, auch wenn ich überzeugt davon bin, dass ich mich mit Recht verletzt fühlen kann, wenn doch die ausgesprochene Bemerkung nur ein paar Sekunden dauerte? Was glaube ich zu gewinnen, wenn ich mich selbst Tage oder Wochen mit solchen Gedanken plage?

Die Menschen, die das Geschehene hinter sich lassen können und stattdessen die Wirklichkeit im Hier und Jetzt sehen, sind oft viel glücklicher als die Menschen, die die meiste Zeit mit Grübeln über die kleinsten Dinge, aber auch über alles, was mit ihnen geschehen ist, verbringen.

So lasse ich los

Ganz konkret: Wenn ich zu der letzten Gruppe gehöre, kann ich nur damit anfangen mich daran zu orientieren, wo ich BIN. Ich sitze in einem Stuhl, ich lese eine Zeitung, ich blättere in einem Buch oder ich rieche, dass es gerade geregnet hat usw.

Ich muss im Jetzt sein, wo ich gerade BIN. Und eins sein mit dem, was passiert. Dann bin ich dem ganz nahe was es heißt, die Vergangenheit und die Zukunft losgelassen zu haben und lebe in Harmonie mit dem, was passiert - im Hier und Jetzt.
Wenn meine Gedanken weiterhin meinen Kopf zermartern, ich diese nicht stoppen kann und ich deshalb keinen Frieden in meinem Inneren finde, muss ich wieder zurück zu mir selbst finden.

Z.B. wenn ich mal wieder zu viel denke, kann ich mich zugleich fragen: Woher weiß ich eigentlich, dass ich denke? Das weiß ich, weil ich das bewusste Selbst bin, das erkennt meine Gedanken!

Mein bewusstes Selbst kann ich wiedererkennen durch das Lernen dessen, was mein bewusstes Sein nicht ist. Mein bewusstes Sein ist kein Gedanke sondern stattdessen, das was die Gedanken wiedererkennen.
Es dauert nicht lange mein bewusstes Selbst zu entdecken. Hier ist ein anderes Bild für den Unterschied zwischen meinem bewussten Selbst und dem, was mein bewusstes Selbst erkennt:

– Ich bin nicht die Tasse, die auf dem Tisch steht. Ich bin der, der die Tasse wiedererkennt.
– Ich bin nicht das Buch in meiner Hand, ich bin der, der wiedererkennt, dass er das Buch in der Hand hält.

Genauso verhält es sich mit meinen Gedanken:
– Ich bin nicht die Gedanken in meinem Kopf, ich bin derjenige, der wiedererkennt, dass er denkt.

Die Gedanken sind wie Wolken, die vorbeiziehen, während der Himmel das Bewusstsein ist, an dem sie vorbeischweben. Die Gedanken sind meine, aber sie sind nicht ich. Sie entstehen in mir (kommen und gehen), wie alles andere, das in mir ist.

Ich-BIN weder meine Gedanken noch meine Gefühle

Es besteht kein Unterschied zwischen dem Bewusstsein von Gedanken oder Gefühlen. Es ist das gleiche Prinzip:

– Ich bin nicht mein Gefühl, ich bin derjenige, der meine Gefühle wiedererkennt.

Wenn ich den Unterschied entdeckt habe zwischen dem bewussten Selbst und meinen Gefühlen, kann ich ganz bewusst eintauchen in welches Gefühl auch immer. Ich brauche das Gefühl nicht zu verändern. Ich kann hingegen eins sein damit und mir gleichzeitig vollkommen bewusst über mich selbst sein. Ich muss daran denken, dass ich es bin, der das Gefühl erlebt und nicht das Gefühl mich. Dann will ich nähmlich schnell erleben, dass das Gefühl seine Macht über mich verliert, denn ein jedes Gefühl IST, im Gegensatz zu mir, vergänglich (in konstanter Bewegung).

Es ist wichtig, dass ich nicht versuche mich an einem Gefühl festzuhalten oder mich dagegen zu wehren. Es ist das Beste, wenn ich es sich frei bewegen lasse, so frei wie eine Wolke am Himmel. Schnell werde ich dann sehen, dass kein Gefühl und kein Gedanke das überleben kann, was ich BIN.

Wenn die Wolke (mein Gedanke oder mein Gefühl) weg ist, ist der Himmel noch immer da. Rein und klar, wie er es immer war. Rein und klar, wie ich es BIN.

Und was passiert, wenn ich dennoch meine Gefühle festhalte? Wenn ich sie nicht freibeweglich lassen kann in mir? Dann passiert nichts! Ich habe bereits einen neuen Augenblick und eine neue Chance vom Leben bekommen, um es wieder zu probieren. Alle Dinge sind jederzeit neu, d.h. ich kann mich selbst neu erschaffen und eine „bessere" Ausgabe von mir in jedem Augenblick. Es ist nicht schlimm, wenn etwas, das ich möchte, nicht beim ersten Mal gelingt - dann vielleicht beim nächsten Mal! Oder beim übernächsten!

. . .

Es sind ein paar Tage vergangen, und in diesen Tagen sind viele Sachen für mich geschehen. Das letzte Mal, als ich an meinem Buch geschrieben habe, habe ich ein Gebet gesprochen. Ich sprach zu denjenigen, die ein Auge auf mich werfen (meine Engel oder mein höheres Selbst). Ich habe darum gebeten, dass sie mir den Weg zeigen zur Erleuchtung. Auch wenn das Sprechen eines Gebetes an für sich eine leichte Sache ist, bete ich doch recht selten. Auch wenn ich weiß und glaube, dass ein jedes Gebet erhört wird.
Dieses Mal geschah unmittelbar genau nach meinem Gebet etwas. Ich ließ alles in mir sein, all den Schmerz und alle bohrenden Gedanken. Ich habe den Widerstand losgelassen in mir selbst und gegen mich, der mir wehtat. Ich habe damit aufgehört etwas zu tun, damit alle Dinge besser werden.

Fast im gleichen Augenblick erlebte ich, dass ich auf der gleichen Seite stand wie mein Schmerz. Als ob ich mich wortwörtlich gesagt gegen den Schmerz lehnte und ihn einfach sein ließ, wie er war. Ich merkte auf diese Art nicht nur meinen Schmerz, sondern bekam dadurch plötzlich auch einen Blick auf mich selbst - wie ich dastand und mich gegen den Schmerz lehnte.

Mein Schmerz änderte den Charakter. Er war noch immer da, aber war besser auszuhalten. Gleichzeitig war ich zu keinem Zeitpunkt ängstlich, da ich etwas anderes als den Schmerz wiedererkennen konnte. Ich erkannte mich selbst wieder. Ich sah ein, dass mein Schmerz eine Energie war, die anders war als ich selbst. Diese Energie (Schmerz) war nicht erschreckend, auch wenn sie enorm war.

Die Energie hat die gleiche Kraft, als ob man mich mit einem Baumstamm von mehreren Metern Umfang schlagen würde. Wirklich kräftig. Dennoch wusste ich, dass diese Energie mich nicht bezwingen konnte, weil es nur ein Teil von mir war. Ich erkannte, dass ich im Gegensatz zum Schmerz unendlich größer war.

Ich wusste, dass ich hier etwas erwischt hatte, von dem ich verstand, dass ich nicht mehr gegen den Schmerz ankämpfen, sondern ihn sein lassen sollte. Nicht ignorieren, aber ihn sein lassen. Ihn mit dem vollen Bewusstsein sein lassen. Je näher ich dem Schmerz kam, desto besser wurde es. Je mehr ich dessen Gestalt erkannte und gleichzeitig bewusst war über mich selbst, desto stärker wurde ich - paradox genug.

Bei meiner Arbeit mit dem Schmerz und der Heilung über die Jahre hinweg bin ich mir immer bewusster darüber geworden, dass es gut ist, sich auf den Schmerz eine gewisse Zeit lang zu fokussieren, um diesen dann wieder loszulassen und danach dann etwas anderes zu machen. Und dies nicht, weil es nicht gut ist, dass ich mir bewusst bin über meinen Schmerz, sondern eher, dass, wenn ich zu viel auf den Schmerz fokussiert bin, ich mich blind sehen kann in ihm und er dadurch zu dominierend wird.

Das Leben ist so vieles anderes und mehr als „nur" Schmerz, und dieses kann ich mir immer wieder bewusst machen, jedes Mal wenn ich Schmerz fühle in meinem Inneren: Ich kann meinen eigenen Atem hören. Schaue mich um. Kann an meinem Körper andere Stellen sehen als die, wo der Schmerz ist. Höre die Geräusche um mich herum.

Bald werde ich herausfinden, dass der Schmerz in mir nur ein kleiner Teil von dem großen Ganzen ist, und dann werde ich auch sehen, dass mein Schmerz langsam in der Stärke abnimmt. Es ist realistisch gesehen nicht der Schmerz, der das Problem darstellt. Das Problem ist vielmehr, wenn ich nur meinen eigenen Schmerz sehe und alles andere vergesse, was das Leben ebenfalls beinhaltet.
Ich bin ALLES, was in mir ist - auf einmal - und deshalb soll ich auch alles auf einmal erleben: Ich soll sehen, hören, schmecken, berühren und fühlen, wie sich das Leben überall in mir und außerhalb von mir bewegt. Ist nun nicht alles bereits etwas leichter? Und der Schmerz ist nicht mehr so dominierend, nicht wahr?

Wer BIN ich?

Ich habe mit großer Begeisterung das Thomasevangelium gelesen, in dem Thomas Jesus' Worte widergibt. Es ist eine fantastische Lektüre für mich. Jede Erkenntnis, die ich in meinem Inneren gemacht habe, kann ich in diesem Evangelium wiedererkennen. Jesus sagt an einem Zeitpunkt: „Das in dir, das nicht du bist, ist das, was dich retten wird." Wenn ich erkenne, wer ich nicht bin, muss ich aus dieser Erkenntnis herausfinden können, wer ich BIN.

Ich BIN kein Gegenstand, da ich Gegenstände erkenne. Ich BIN deshalb auch kein Gefühl oder ein Gedanke. Ich BIN viel größer als all das, weil ein jedes Objekt, ein jeder Gegenstand - auch als Gedanke und Gefühl - von mir erkannt werden. Mit anderen Worten BIN ich das Bewusstsein (die Seele), wo alle Gefühle und alle Gedanken entstehen, genauso wie ich das Bewusstsein BIN, in welchem sich alle Gegenstände der äußeren Welt widerspiegeln.

Ein jeder Gegenstand in der äußeren Welt und ein jedes Objekt in meinem Inneren kann also zeigen, wer und was ich nicht BIN.

Ich BIN (ein unsichtbarer) Raum

Die Dinge sind überall auf der Welt, aber wo hört der Raum auf, in dem die Dinge existieren und wo fängt er an? Die logische Konklusion ist für mich, dass es weder anfängt noch endet, sich stattdessen ins Unendliche erstreckt. Das gilt für jeden Gegenstand, ganz egal wie groß oder wie begrenzt in seiner Größe er ist. Aber was begrenzt den Raum, in dem die Gegenstände existieren?

Jedes Mal, wenn ich erlebe, dass ich kein Objekt oder Gegenstand bin, wächst mein Verständnis dafür, dass ich eigentlich gar kein Ding bin, sondern dass ich stattdessen der (unsichtbare und unendliche) Raum (die Seele) bin, in dem die Dinge existieren. Langsam verstehe ich, dass mich NICHTS bezwingt, weil KEIN Gegenstand in der Welt den Raum bezwingen kann, in dem sich der Gegenstand befindet.

Wenn ich erkannt habe, dass ich reines Bewusstsein bin, reiner Geist und das alles, was ich hier im Leben kenne, sich auf dieser Bewusstseinsebene abspielt in dem einen Geist, dann kenne ich mein wahres Wesen. Dann weiß ich, dass dieses Wesen nicht einfach nur unsterblich ist, sondern ich verstehe somit auch, dass der Raum um mich herum genauso unendlich ist.

Probleme gibt es nicht

Da ist so viel Platz in mir! Ich bin unendlich größer als jedes „Problem", das ich in meinem Inneren fühle. Wenn ich Schmerzen in mir selbst fühle oder wenn es etwas in meinem Leben gibt, worüber ich irritiert oder wütend bin, dann darf ich mich nicht davon abwenden. Ich muss meinen Fokus darauf richten und ihn darauf behalten, auf genau dem, was mich so irritiert.

Ich werde dann schnell zu der Erkenntnis kommen, dass das Problem, das mich überdeckt hatte, eigentlich schwer zu erblicken ist. Ich muss dennoch weiterhin darauf schauen (es bemerken). Wo ist mein Problem jetzt? Kann ich es noch immer sehen? Die Wahrheit ist überraschend: Mein Problem ist nicht da! Es war nur mein Kopf, der ein Gefühl in meinem Körper hat entstehen lassen. Eine Idee, die ich zugleich miterschaffen habe und die nur dadurch am Leben erhalten wurde, weil ich sie nicht loslassen wollte.

Lassen Sie mich das anhand eines Beispiels verdeutlichen: Wenn mein Problem mit etwas Konkretem zusammenhängt, das in meinem Leben passiert ist, dann ist die Situation längst überstanden. Ich halte aber noch an dieser selbigen Situation fest, weil ich noch immer daran denke. Wenn ich diesen Gedanken loslasse, befreie ich mich dadurch auch aus dieser Situation und löse somit mein Problem.

Wenn das, was an mir nagt, aber ein Gefühl (Energie) ist und dieses Gefühl zu schmerzvoll wird oder wehtut, dann passiert dieses möglicherweise nur, weil ich mich an diesem Gefühl festhalte oder mich dagegen wehre. Kein Gefühl, das die Erlaubnis hat sich frei bewegen zu können, tut weh!

Mein Bewusstsein überwindet ALLES

Ich muss mir bewusst über mich selbst werden und den Unterschied erkennen zwischen mir und meinen Gefühlen. Recht schnell werde ich dann sehen, dass kein Gefühl die Nähe meines Bewusstseins überleben kann. Da mein Bewusstsein unbegrenzt und das Gefühl nur ein vorübergehendes Phänomen ist (keine Energie überlebt seinen jetzigen Zustand!), kann das Gefühl mich niemals bezwingen oder Macht über mich gewinnen.

Ich kann diese Technik schnell lernen, aber ich muss dazu aufmerksam sein. Im täglichen Leben gibt es tausende Eindrücke, die uns distrahieren und unsere Aufmerksamkeit stehlen. Deshalb ist es unabdingbar, dass man aufmerksam ist und sich die ganze Zeit bewusst darüber ist. Wenn ich mich in dieser Kunst übe, werde ich sie bestimmt lernen. Zum Schluss ist es nichts mehr, was ich zu lernen habe, denn es ist ein Inbegriff dessen, wer ich BIN.

• • •

Ich lese mir das, was ich schon geschrieben habe, immer noch einmal durch, bevor ich weiterschreibe. Und muss feststellen: Das hört sich sehr nach den Büchern an, die ich selbst gelesen habe, die mir erzählen wie man zu seinem wirklichen Wesen findet - Bücher von z.B. Eckhart Tolle oder Michael A. Singer.

Ich finde es hört sich schnell so an als ob etwas „verkehrt" ist mit mir und ich mich deshalb „verändern" muss, um hier und da in einen bestimmten Zustand in mir zu kommen.

Als ich Eckhart Tolles Buch gelesen habe, wollte ich nicht nur seine Lehre praktizieren. Ich wollte auch alles an mir selbst ändern inklusive aufzuhören mit dem Denken und Reden.

Ich bin mir sicher, dass das nicht das Ziel von Eckhart Tolles Buch war und es war auch vollkommen verrückt, diesen Versuch zu unternehmen. Trotzdem finde ich es paradox, wenn Eckhart Tolle in seinem Buch zum Beispiel schreibt, dass alles Leben genauso ist, wie es IST, gleichzeitig benutzt er jedoch das komplette Buch dafür um zu beschreiben, was wir Menschen eigentlich verkehrt machen.

Nun fühle ich - Gott steh mir bei -, dass ich das Gleiche in meinem Buch mache. Ich schreibe u. a., dass, wenn man bestimmte Dinge so macht, sich unser Leben verbessert und wir dadurch zur höheren Wahrheit gelangen. Aber ich BIN ja bereits „wahr", wie ich BIN, denke ich. Denn: Wie kann etwas, das ist, „verkehrt" sein?

Zu diesem Zeitpunkt im Schreibprozess habe ich noch nicht durchschaut, dass es real betrachtet ganz egal ist, ob ich Widerstand gegen etwas in meinem Inneren leiste oder nicht. Solange ich mir bewusst über das bin, was sich in meinem Inneren abspielt, kann es niemals lange genug mein Bewusstsein überleben. Da jedes innere Erlebnis – im Gegensatz zum Bewusstsein - abgegrenzt ist.

Mit anderen Worten: So lange ich mir darüber bewusst bin, ist es nicht so wichtig, ob ich Widerstand gegen etwas in mir selbst leiste oder ob ich keinen Widerstand leiste, da mein Bewusstsein am Ende jedes Ereignis überstrahlen wird, das in meinem Inneren stattfindet.

Deshalb ist es auch kein Zufall, dass zum Beispiel Anthony de Mellos' Buch folgendermaßen heißt: „Bewusstsein, Bewusstsein, Bewusstsein".

Ich BIN richtig, wie ich BIN

Ich BIN richtig, genauso wie ich BIN mit allem, was in mir ist. Die Male, in denen es mir möglich war, im Hier und Jetzt zu sein, mit allem was dazugehört, waren die wichtigsten Augenblicke, die ich jemals hatte und jemals finden werde. Diese Male fühlte ich, dass ich die höhere Botschaft des Lebens an mich selbst verstanden habe.

Was ist hier und jetzt gerade in mir? Ein schwacher Schmerz. Ein angespannter Bauch - besonders im Solarplexus. Und ganz viel Bewusstsein (ich!) überall. Frieden. Das Geräusch der Tastatur. Okay, nun versuche ich mich selbst zu fragen: Wie kann das, was ich in mir erlebe, „verkehrt" sein?

Ich vor dir

Ich bin mir sicher, dass ich, wenn ich dieses Buch noch einmal durchlese, auf einige Dinge an mir selbst aufmerksam werde, die mir normalerweise nicht klar sind. Ich habe einen Vorteil im Gegensatz zu normalen Situationen, in denen ich mich sonst befinde denn, wenn ich mein Buch nochmals durchlese, kann ich mich selbst mit einem gewissen Abstand betrachten.

Im Allgemeinen erlebe ich nicht immer Züge an meiner Persönlichkeit, die man als „einsichtig" bezeichnen könnte. Zum Beispiel habe ich den Wunsch gehört zu werden. Den Wunsch im Mittelpunkt zu stehen. Das Gefühl, dass meine Meinung etwas wichtiger ist als die der anderen. Oder dass mein Leben wichtiger ist als das der anderen. Aber zum Glück wundere ich mich auch über diese Sachen.

Warum ist meine Meinung wichtiger als die der anderen? Warum sollte mein Leben wichtiger sein als das der anderen? Warum ist es so wichtig von den anderen gesehen zu werden in der Gruppe? Wenn ich darüber nachdenke, kann ich keine Begründung dazu liefern, warum ich wichtiger sein sollte als andere Menschen. Wahrscheinlich hängt es zusammen mit der Tatsache, dass etwas in mir noch immer nicht verstanden hat, dass alle Menschen wertvoll sind - inklusive mir selbst!

Aber so geht es mir zum Glück auch in vielen Situationen. Ich weiß nun, dass das ganze Erleben der Essenz des lebenden Wesens Glück bedeutet. Das ist alles was ich brauche. Dann bin ich frei davon, mich über andere zu stellen. Dann ist es nicht mehr so wichtig, ob ich „hier" oder „da" bin oder ob ich „das eine" oder „das andere" sage.

Das Wichtigste ist das Erleben von mir selbst. Das Glück am Leben zu sein. So einfach ist die geistige Lehre für mich - und manchmal auch ein bisschen verblüffend. Kann es wirklich so leicht, so einfach sein?

Alle SIND besonders

Ich bin manchmal ganz sprachlos darüber, wie schön wir Menschen doch SIND und so unübertrefflich in unserer Natur. Zum Beispiel ist meine Partnerin in allen Wesen präsent, doch auch wenn dies bemerkenswert ist und schön zu erkennen, so wundert es mich auch etwas. Ist es wirklich wahr, dass nicht nur meine Partnerin, mit der ich zusammen bin, besonders ist, sondern dass alle besonders sind?

Natürlich kann das so sein, aber die egoistische Seite in mir möchte es nicht so. Die egoistische Seite in mir möchte, dass meine Partnerin etwas ganz Besonderes und außerordentlich schön ist, gerade weil es meine Partnerin ist. Ich kann den Gedanken nicht ertragen, dass meine Partnerin eigentlich nicht schöner ist als alle anderen lebenden Wesen.

Warum eigentlich nicht?, kann ich mich da nur fragen. Was ist daran verkehrt, dass nicht nur meine Partnerin schön ist, sondern auch alle anderen lebenden Wesen?

Ich wünsche mir authentisch zu sein

Ich wünsche mir eigentlich in diesem Buch, dass ich authentisch bin - soweit dies möglich ist - und ich es mir vorstellen kann. Das ist schwer. Schnell entsteht dabei der Wunsch sich hervorzuheben auf irgendeine Art und Weise oder die richtigen Dinge zu sagen, um so in einem besseren Licht dazustehen.

Es ist schwer für mich diese Rolle abzulegen, ob nun als Schreiber dieses Buchs oder auch wenn ich mit anderen zusammen bin. Oft bin ich in der Situation, dass ich mich auf eine bestimmte Art und Weise verhalte, wenn ich mit meinen Freunden zusammen bin. Weil ich mich dann geborgen fühle und weil ich sie kenne.

Viel schwerer fällt es mir jedoch dorthin zu gelangen, wo ich jetzt BIN und mich dem auszuliefern was tatsächlich ist. Es ist nicht unmöglich. Es verlangt nur, dass ich ständig aufmerksam bin für das, was sich in meinem Körper abspielt.
Ich denke in diesem Zusammenhang oft an Tiere oder kleine Kinder. Sie können sich Sachen nicht so gut vorstellen, drücken sich aber trotzdem präzise aus - ohne dadurch irgendwie anders dastehen zu wollen und ohne damit eine bestimmte Absicht zu verfolgen: „Wahrlich, ich sage euch, wer das Reich Gottes nicht annimmt wie ein Kind, wird nimmermehr hineinkommen." - Lukasevangelium.
Welch eine Eigenschaft! Ich bewundere es sehr! Hier geht es nicht um den Wunsch etwas zu verbergen. Vielmehr geht es hier nur um eine ehrliche Spiegelung von innen nach außen. Zum Glück ist der Wert dieser Eigenschaft auch dabei sich in mir zu manifestieren. Dafür bin ich sehr dankbar. Ich hoffe, dass auch andere den Reichtum erleben werden und treu sein gegenüber ihrem Inneren und zugleich den Mut haben und es wagen, das, was im Inneren ist, auszuleben.

Was wären wir eigentlich sonst noch ohne diese Eigenschaft? Wir wären Wesen, die sich die ganze Zeit etwas vormachten – leider ist es sehr oft auch so.

Ich gehe allem voraus

Seit ich das letzte Mal an diesem Buch geschrieben habe, ist mir aufgefallen, dass es eigentlich nicht das entscheidende ist ein Buch zu verfassen. Vielleicht gibt es mir ein gutes Gefühl beim Schreiben, weil ich mich wichtig fühle, indem ich ein Buch verfasse. Aber es ist mit diesem Buch wie mit allem anderen auch, das ich mir vornehme:

Ich gehe allem voraus, was ich mache und ich war hier auch schon bevor ich dieses Buch geschrieben habe und bin hier auch danach. Ganz egal was ich mir vornehme an Aktivitäten, bin ich bereits vor meinen Aktivitäten da und auch danach.

Das gilt auch für meine Gedanken und Gefühle. Ich war schon hier, bevor ich dieses gefühlt oder gedacht habe, davor und danach. So ist es mit allen Dingen. Ich fange immer mit mir selbst an und ich schließe es immer mit mir selbst ab.

Ich kann MICH niemals verlieren

Mit anderen Worten kann ich mich niemals verlieren. Ganz egal welche Aktivitäten ich gemacht habe, an was ich gedacht oder was ich gefühlt habe, denn das, was übrigbleibt, bin ich. Dadurch habe ich auch immer etwas, mit dem ich rechnen kann.

Durch diese Tatsache finde ich mein wirkliches Glück, nämlich durch „das Entdecken meines Seins". Hier meine ich nicht das Entdecken meiner Gedanken oder Gefühle oder mich daran zu erinnern, was ich gestern gemacht habe oder Überlegungen darüber, was ich morgen machen könnte. Ich rede darüber bewusst zu werden über mich selbst. Das Leben, das existiert, in mir zu spüren.

Ich habe mich selbst für immer. Ich kann MICH nicht verlieren. Verstehe ich, welches Wunder dies IST? Welches Geschenk? Ja, ich denke, dass ich das glücklicherweise mache, aber manchmal überdröhnt der Schmerz mein Glück und das Gefühl mich selbst zu spüren, und dann ist es nicht mehr leicht mir selbst in die Augen zu schauen!

Etwas in mir macht Krach und tut weh

Manchmal kann es hart sein „nur" mit mir selbst dazustehen. Jedes Mal, wenn ich mit einer äußeren oder inneren Tätigkeit in meinem Leben aufhöre, wende ich mich zurück zu meinem Ich, und so wie das Ich es hat, fühlt es sich nicht immer gut an.

Ich denke viele Menschen werden das wiedererkennen können, wenn sie etwas mehr darüber nachdenken. Es kann schwer sein, nur mit sich selbst dazustehen, weil viele von uns einen großen inneren Schmerz in sich tragen. Vielleicht kommt dies daher, weil wir die ganze Zeit so beschäftigt damit sind, die Stille zwischen den Menschen zu verhindern?

Ich muss meinem Schmerz ins Auge sehen

In meinem Inneren gibt es eine grundsätzliche Unruhe und Schmerzen, und deswegen möchte ich mich gerne davon abwenden und nehme mir dadurch viele Sachen vor, damit ich den Schmerz nicht merke.

Wenn ich mich so meinem Schmerz gegenüber verhalte, ist das Resultat in der Regel immer, dass der Schmerz an einem bestimmten Zeitpunkt so stark und kraftvoll wird, dass ich mich nicht länger von ihm abwenden kann. Auf lange Sicht bin ich mir sicher, dass dieses Verhalten meinen Schmerz eher verschlimmert anstatt ihn zu verringern.

Ich denke eigentlich nie, dass das gut ist, sich von dem was schmerzt abzuwenden. Deshalb versuche ich auch darauf hinzuarbeiten, dass ich immer mehr Frieden schließen kann mit allem, was in mir ist. Manchmal ist es nicht so schwer, andere Male dagegen kaum auszuhalten!

Mein Schmerz ist wie ein Wesen, das sich in einer Höhle tief in mir versteckt, das plötzlich herausspringt und mich damit fast überwältigt. Wenn ich versuche es zu fangen, läuft es weg und versteckt sich. Aber oft bin ich derjenige, der sich vor dem Schmerz versteckt. Ich nehme mir dann ganz viele Sachen vor, z.B. schaue ich viel Fernsehen oder esse die ganze Zeit, gehe ins Internet, habe Sex oder denke über das alltägliche Leben nach (oftmals mit Sorgen verbunden) usw.

Viele würden sicher sagen, dass diese Aktivitäten vollkommen normal erscheinen, aber wenn es Zwangshandlungen werden, wo eine Aktivität die andere nur ablöst, um den Schmerz zu umgehen, dann bin ich mir nicht mehr sicher, ob diese Aktivitäten gesund sind.

Ich sehe persönlich kein Problem darin mir Sachen vorzunehmen, aber es ist natürlich komisch, dass immer irgendetwas geschehen muss, damit ich „überleben" und mich selbst aushalten kann. Was ist daran verkehrt nichts zu machen, und warum fällt es mir so schwer? Hier glaube ich ist mein Schmerz ganz zentral.

Der Weg aus dem Schmerz

Ich kenne den Weg der von Zwangshandlungen wegführt und ich meine auch den Weg zu kennen, der aus den Schmerzen führt. Beide Wege sind die gleichen. Es geht darum mein Inneres in Balance zu bringen und zu lernen ich selbst zu sein - ungeachtet dessen was in mir ist. Die Belohnung ist das Erlebnis, das ich wieder und wieder erfahre. Wenn ich mich selbst spüre und akzeptiere, was in mir ist, dann entsteht da etwas in mir, das sich fast berauschend anfühlt. Und dann ist es eigentlich unwesentlich, was ich mir vornehme oder mit wem ich zusammen bin.

Dieses Erleben von mir selbst ist eine fantastische Erfahrung. Deshalb können keine Handlung, kein Gedanke und kein Gefühl es ersetzen. Ich habe dieses Erlebnis gerade jetzt. Es steht Seite an Seite mit meinem Schmerz. Und sieht folgendermaßen aus:

Es fühlt sich an wie ein FESTER innerer Griff, unten von meinem Bauch ausgehend durch die Brust und bis hoch zur Kopfhaut. Dieses Gefühl ist auch, wenn man es kennt, unangenehm. Dieses Gefühl ist mein Schmerz. An der Seite von diesem Schmerz erlebe ich eine kitzelnde, weiche und innere Ruhe. Ein fast bodenloser Frieden, der unbeschreiblich und wundervoll ist. Das letzte ist mein Glück, wenn ich mich wiedererkenne und das Leben erlebe, das ich BIN.

Das „erleuchtete" Erlebnis

Ich habe keinen Zweifel daran, dass die spirituell Befreiten und sogenannten „erleuchteten" Menschen dieses Erlebnis permanent haben. Das ist das Erlebnis das ich suche und dem ich mich hingeben möchte, und auch wenn ich mich nicht daran festhalten kann fühle ich, dass ich auf dem Weg dahin bin. Die Wahrheit ist - davon bin ich überzeugt -, dass dieses innere Erlebnis in mir immer existiert, denn letztendlich ist das Erlebnis zugleich, wer ich BIN. Manchmal kann es nur schwer sein es „zu erblicken", da zu viel „Krach" (Schmerz) in meinem Inneren ist.

Deshalb denke ich, dass ein jeder Mensch, der sich wiedererkennt, zum Schluss diese innere Harmonie als permanentes Zustand in seinem Leben erreichen kann. Kein moderner Mensch wird aber diese Harmonie finden durch die Stimulation von Fernsehen, Internet, Smartphones und Ipads.

Harmonie ist wie gesagt nicht etwas, das ich mache. Es ist etwas, das ich BIN. Um harmonisch in meinem Inneren zu sein, bin ich gezwungen mir bewusst darüber zu werden, was in mir ist ohne zu versuchen, dieses zu ändern. Dann verliere ich nämlich meinen Fokus auf das Allerwichtigste: Die Erkenntnis und das Glück des Seins.

Das, was ich immer wieder erkenne, wenn ich mich selbst betrachte und lange genug anschaue ist, dass ich rein BIN, ganz und frei. Und noch nicht einmal genug damit. Ich entdecke auch, dass ich es in Wirklichkeit IMMER gewesen bin.

Das „erleuchtete" Erlebnis verschwindet

Die Gedanken machen Krach, und unter der Woche ist dort oft so viel Krach, dass die innere Harmonie verschwindet. Das Gleiche geschieht auch mit meinen Gefühlen. Diese arbeiten und tun weh und somit verschwinden meine Erlebnisse vom inneren Frieden auch. Aber wenn ich erst einmal meine innere Ruhe gefunden habe - und das ist für mich am leichtesten, wenn ich mich aufs Bett lege und die Augen schließe -, dann gibt es keine Grenzen für den Frieden, den ich dann fühle.

Diesen Frieden zu bemerken ist eine große Befreiung für mich, aber gleichzeitig ist es auch eine große Größe, mit der man umgehen muss. Weil dieses Erlebnis so angenehm ist, möchte ich dieses gerne in mir festhalten oder wehre mich auch gegen andere Gemütszustände in mir, die dieser inneren Ruhe nicht förderlich sind.

Aber wie ich vorher schon geschrieben habe, ist der Widerstand und das Festhalten nicht der Weg für mich zum Frieden. Es ist der Weg zu mehr Unruhe und vielen Schmerzen.

Ich soll alles sein lassen

Das Erleben der inneren Harmonie verlangt, dass ich alle Formen von Kontrolle loslasse. Mit anderen Worten soll ich alles so belassen wie es ist. Das heißt alles, was an Gefühlen in mir ist, kann kommen und gehen wie und wann es will. Denn wie soll sich sonst ein neues Erlebnis in meinem Inneren manifestieren, wenn ich das vorherige nicht loslasse? Und wie will ich mich
selbst entdecken, wenn ich die ganze Zeit damit beschäftigt bin, die Dinge, die in mir sind, kontrollieren zu wollen?

Das Freiheitsprinzip ist die Essenz allen Lebens und beruht darauf, dass alle inneren und äußeren Dinge in der Welt kommen und gehen können, wie es ihnen passt. Ohne jegliche Einmischung von jemandem oder etwas.

Deshalb ist das Freiheitsprinzip auch die Essenz in allen spirituellen Lehren. Wenn ich mich selbst und andere freigebe und wenn ich jedem Gefühl und Gedanken freien Lauf in mir selber lasse, aber auch bei meinen Mitmenschen, dann wird jeder Schmerz in mir und den anderen aufhören. Denn was sollte mich nun begrenzen und was sollte die anderen begrenzen?

Traue ich mich zu glauben, das dies wahr ist? Habe ich so viel Vertrauen zum Leben? Habe ich so viel Vertrauen zu anderen - und zu mir selbst?

Die Welt ist voll mit Gegensätzen

Doch kommen wir wieder zurück zu mir selbst und meiner Seele. Denn wenn ich meine eigene Seele nicht wiedererkennen kann, kann ich mich auch nicht selbst befreien. In der Welt findet man unendlich viele Gegensätze. Man könnte sagen, dass ein jedes Ding und ein jeder Gegenstand einen solchen Gegensatz repräsentiert, weil jedes Ding oder jeder Gegenstand sich anders im Verhältnis zu anderen Dingen und anderen Gegenständen verhält.

Mit anderen Worten ist somit kein Ding oder Gegenstand vollkommen identisch mit einem anderen.

Mein Bewusstsein hat keinen Gegensatz

Das verhält sich gegensätzlich zu meiner Seele, meinem bewussten Selbst. In meiner Seele gibt es keine Gegensätze, da meine Seele komplett ist. Es sind Gegenstände, doch keine Seele, die mit Gegensätzen gefüllt ist, denn: **Gegenstände spielen sich in der Seele ab und nicht umgekehrt!**
Die Seele kann deshalb, wie vorhin bereits erläutert, am besten beschrieben werden als unsichtbarer Raum oder unsichtbares (energetisches) Feld, wo alle Gegenstände ihren Platz haben. Wenn ich somit im vollen Kontakt bin mit meinem bewussten Selbst, gibt es keine Hindernisse, die meinen Frieden stören. Mit anderen Worten kein Laut, der „Lärm macht" und kein Gedanke, der „bohrt", weil die Seele nicht aus Teilen besteht:

„Selig, die arm sind vor Gott, denn ihnen gehört das Himmelreich." – Evangelium nach Matthäus.

Jesus hat diese schönen Worte gesagt, die so oft missverstanden wurden. Aber für mich persönlich sind die oben stehenden Worte nicht abhängig davon, wer sie gesagt hat. Für mich ist es nicht abhängig davon, ob Jesus gelebt hat oder nicht oder ob er Gottes Sohn war oder nicht. Die Worte sind wertvoll in sich selbst und das, auf was sie hinweisen, hat für mich einen noch viel größeren Wert.

Sie beschreiben nämlich ein inneres Erlebnis, das erreicht werden kann unter gewissen Voraussetzungen. Die Voraussetzung hierfür ist, dass man einen „bescheidenen Geist" haben soll. Damit ist gemeint, dass ich das in mir erkennen muss, was keine bohrenden und auch keine ‚verkleinernden' Gedanken darstellt.

Aber um dazu in der Lage zu sein, muss ich erst wirklich lernen zu verstehen, was meine Seele IST und wie ich diese wiedererkenne.

Meine Seele ist überall

Ich erlebe wie gesagt, dass meine Seele als „immerwährend" überall ist. Sie erstreckt sich in die Unendlichkeit. Meine Seele ist im Grunde nicht anders als die Seele von anderen Menschen und in letzter Instanz auch nichts anderes als Gottes Seele (und somit das Leben selbst).

Es ist mit anderen Worten ein und die gleiche Seele, die sich selbst erlebt inmitten einer unendlichen Anzahl von Fixpunkten in ihrem eigenen Universum. Jede individuelle Seele repräsentiert einen solchen Fixpunkt. Weil ich daran glaube, dass alle lebenden Wesen eine Seele haben, Pflanzen sowie Tiere, gibt es richtig viele Fixpunkte, die sich in dieser ein und dergleichen Seele befinden.

Wenn ich daran glaube, dass das Universum nur eines von unzähligen und unsere Zivilisation nur eine von unendlich vielen ist, ja, dann sind dem keine Grenzen gesetzt, wie viele Fixpunkte in dieser ein und dergleichen Seele enthalten sind. „Gott ist mächtig", sagen die Islamisten, und das ist in diesem Kontext nicht ganz falsch.

Sichtfeld

Die Seele ist, vereinfacht gesagt, wie ein Sichtfeld. In einem Sichtfeld gibt es verschiedene Gegenstände, aber kein Gegenstand ist dieses Sichtfeld, sondern vielmehr die Objekte, die sich in diesem Sichtfeld abspielen. Das Sichtfeld alleine ist unsichtbar, ein Sichtfeld das sieht, aber nicht das ist, was gesehen wird.

Das ist auch der Grund, warum einige die Seele als „das große Auge" bezeichnen. Egal, wo ich mich hinwende, existiert meine Seele, mein bewusstes Selbst und deshalb kann ich die Wirklichkeit erkennen, wo auch immer ich meinen Fokus hinrichte.

Es ist richtig, dass es viele Dinge in der Welt gibt, die ich nicht sehen kann, da mein Sichtfeld begrenzt ist durch die Reichweite meiner Augen. Trotzdem kann ich mit meinen Augen die Wirklichkeit überall erkennen, wo ich meinen Blick hinwende - ganz egal, wo ich mich in der Welt befinde. Der simple Grund dafür ist, dass mein bewusstes Selbst bereits überall ist und deshalb, wie bereits erläutert, auch da ist, wo ich in diesem oder jenem Augenblick meinen Blick hinrichte.

Die innere und äußere Wirklichkeit

Meine Wirklichkeit (der, der ich BIN) spielt sich in der inneren und äußeren Welt ab. In der äußeren Welt kann ich meine Mitmenschen wiedererkennen, die Tiere, die Natur, die Welt in der ich lebe und das Universum, in der diese Welt existiert.

In der inneren Welt (wenn ich meine Augen schließe) erkenne ich eine andere Wirklichkeit, wo die Objekte aufhören zu existieren und stattdessen mit einem dunklen Raum ausgefüllt werden, der mir unendlich erscheint. Der Raum in meinem Inneren hat keine Form, aber überall wo ich meinen Fokus drauf richte, scheint dieser Raum zu herrschen.

In meinem inneren Universum entdecke ich, dass meine Gedanken ein Teil von mir selbst sind, aber nicht als mein Ganzes. Ich erlebe, dass ich meine Gedanken umschließe mit meinem bewussten Selbst und das fühlt sich an, als ob meine Gedanken „kommen" und „gehen" in dem bewussten Selbst, ohne dass man ganz erklären kann, wie es geschieht.

Das Gleiche gilt auch für meine Gefühle. Ob es nun angenehme oder unangenehme Gefühle sind, kann ich deren energetische Vibration in mir merken als ein Teil in mir und ich, wie auch meine Gedanken, umschließen diese Gefühle mit meinem Bewusstsein. Ich bemerke auch, dass die Gefühle in mir einer konstanten Veränderung unterliegen.
Nichts von dem, was in mir ist, weder meine Gedanken noch meine Gefühle, sind also stationär, sondern bewegen sich in mir herum bis in die Unendlichkeit. Wenn ich sehr aufmerksam bin, entdecke ich übrigens auch etwas hinter dieser konstanten Veränderung, etwas das sich nie verändert. Und wenn ich näher darauf schaue und lange genug hinsehe, werde ich erfahren, dass dieses „etwas" tatsächlich ICH bin.

Objekt und nicht Objekt

Wenn ich mich in meiner inneren Welt erkenne, entferne ich meinen Fokus von Objekten in der äußeren Welt zu den Objekten meines inneren Universums. Es sind wie zwei Dimensionen. Ungeachtet dessen, ob ich mich in meiner inneren oder äußere Welt erkenne, werde ich erleben, dass ich als Erkenner formlos bin (unsichtbar) und das, was ich erkenne, immer irgendeine Form von Objekt zu sein scheint.

Alles, was ich erkenne, ob es nun meine innere oder äußere Welt ist, scheint also ein Objekt irgendeiner Art zu sein - auch die Objekte, die nicht unmittelbar eine scheinbare Form angenommen haben wie Gefühle und Gedanken.

Die Gleichung sieht also folgendermaßen aus: Mein ICH (mein bewusstes Selbst / Seele) ist das erkennende Subjekt, und ein welches Objekt es auch immer sein mag - in meiner äußeren und inneren Welt – es sind die Gegenstände, welches mein bewusstes Selbst erkennt.

Etwas einfacher gesagt, besteht meine Wirklichkeit also aus „ich" als Erkenner und aus „den Objekten", die ich erkenne.

Ich BIN die Welt

Ich habe auf verschiedenste Art versucht zu skizzieren, wie mein bewusstes Selbst, meine Seele, überall ist und sämtliche Objekte beinhaltet, die in meiner äußeren und inneren Welt existieren.

Egal, wo ich gehe oder worauf mein Fokus gerichtet ist, ich bin es, der die Wirklichkeit erlebt und deshalb kann ich die Wirklichkeit auch nicht von mir trennen.

Deshalb ist es sinnlos über eine Wirklichkeit ohne mein bewusstes Selbst zu reden. Wenn eine solche existieren sollte, werde ich sie niemals kennenlernen, denn wie soll ich sonst wissen, dass es sie überhaupt gibt?
Ich BIN dieses formlose Selbst, diese formlose Intelligenz, die ALLES beinhaltet, das jemals in meinem Bewusstsein vorgekommen ist. Die Welt und ich sind somit ein und dasselbe.

ICH = WELT

Das Jetzt und ich SIND auch das Gleiche

Es ist mein Bewusstsein, das die Wirklichkeit erkennt, und wenn nicht JETZT, wann sollte ich dann sonst die Wirklichkeit erkennen? Es ist deshalb vollkommen sinnlos, mein Bewusstsein von dem einem und doch immer zur Stelle seienden JETZT zu trennen - und dein Bewusstsein natürlich auch.

Es ist im Übrigens paradox, dass eine Anzahl lebender Wesen sich umherbewegen in der gleichen Zeit, wie ich es tue. Wir haben alle eine unterschiedliche Perspektive des Jetzt, aber diese unterschiedlichen Perspektiven existieren alle in ein und derselben Zeit.

Ich denke, dass viele Menschen ihr Bewusstsein noch nicht mit dem immerwährenden Jetzt verbunden haben, in dem alles stattfindet. Aber ist es nicht recht einleuchtend: Bewusstsein IST JETZT, denn wann sollte Bewusstsein sonst sein?

Und wer ist dann dieses Bewusstsein? Ja, ich brauche darüber nicht lange nachzudenken, weil die Antwort prompt kommt: Bewusstsein BIN ICH (d.h. DU)

ICH (+ DU) = WELT = JETZT

Wir haben alle den gleichen Vater

Jesus sagt im Thomasevangelium: „Ich und der Vater sind eins". Desweiteren sagt er: „Speise meine Worte und du wirst so werden, wie ich es bin und ich werde so wie du es bist".

Mit Jesus' Worten besteht auch auf geistiger (seelischer) Ebene kein Unterschied zwischen den Menschen auf der Erde und auch kein Unterschied zwischen Mensch und Gott. „Haben wir nicht alle den gleichen Vater (…) ?" – Malakias´ Buch – das Alte Testament.

Wenn im seelischen Verstand kein Unterschied besteht zwischen den Menschen und auch kein Unterschied besteht zwischen Gott und den Menschen, dann ist doch zum Schluss alles ein und das Gleiche. Du bist das Gleiche, wie ich es bin und Gott (das Leben) ist auch das Gleiche. Ein und das Gleiche, wie bitte? Ein und das Gleiche JETZT!

ICH (+ DU UND ALLE ANDEREN EINZELPERSONEN) = WELT = GOTT = JETZT

Haben Sie es verstanden?

Ich glaube, ich erkläre es am besten gleich noch einmal, damit auch alle im Bilde sind (mich selbst mit eingerechnet) denn, wenn ich das ICH entdecke, das ich JETZT BIN, dann habe ich WIRKLICH verstanden, wer ich in WIRKLICHKEIT bin. Dann weiß ich, dass ICH das unsichtbare und grenzenlose Leben BIN, dieses eine und immerwährende JETZT, worin alles stattfindet:

„Probieren Sie noch einmal das Jetzt (die Ewigkeit) zu spüren. Es ist immer hier. Auch wenn wir uns in eine Zeitmaschine setzen und hin und her reisen in der Zeit, so machen wir das JETZT. Mit anderen Worten werden wir in unsere eigene Vergangenheit oder Zukunft kommen … JETZT.

Das Wunderliche daran ist nicht, dass das JETZT immer da ist. Das Wunderliche daran ist, dass das JETZT sich nicht trennen lässt von UNSEREM SEIN, weil die Wirklichkeit immer als JETZT erkannt wird - und wer erkennt die Wirklichkeit? Das machen WIR! Weil WIR, genauso wie alles anderes, das existiert, mit dem einen und ewigen Augenblick verbunden SIND.

Haben Sie meine Pointe verstanden? Das Jetzt ist lebendig. Man kann es nicht sehen. Man kann es nicht berühren. Aber wir können es erleben - von uns, weil wir uns nicht von dem Jetzt trennen können. Alles was das Jetzt verlangt ist, dass wir auf es aufmerksam werden. Denn wenn wir erst einmal das Jetzt wiedererkannt haben, dann haben wir uns wiedererkannt … UNS SELBST!

Liebe Grüße, Kaspar"

(Eine E-Mail von mir an einen Journalisten von der Berlingske Zeitung)

Ich -BIN alles, das IST. Nichts existiert ohne mich! (Das heißt: Nichts existiert ohne dich!) Nein?

Meine Medizin

Ich hatte ein paar schwere Tage. Die Medizin, die ich nehme wegen meines psychischen Leidens, drückt mich mental sehr herunter, denn es ist ein starkes Psychopharmakon. Manchmal bin ich traurig darüber, dass die Ärzte mich seinerzeit überredet haben, diese Medizin zu nehmen, weil sie meinen Körper und Seele wirklich abhängig davon macht.

Der längste Zeitraum, in dem ich ohne Medizin auskam, war im Jahre 2010, wo ich 10 Monate ohne jegliche Pille auskam. Das Resultat war, dass ich Selbstmord begehen wollte. Wenn ich nicht wieder mit meiner Medizin angefangen hätte, wäre ich heute nicht hier. Davon bin ich fest überzeugt.
Auch danach dauerte es fast ein Jahr, bis ich wieder stabilisiert war und ich bin bis heute nicht ganz stabil, weder physisch noch psychisch. Ich kann schreckliche Kopfschmerzen bekommen. Ein Schmerz, der mehr psychisch als physisch ist und ich habe oft Grippe- und Stresssymptome, was mit den Nebenwirkungen meiner Medizin zusammenhängt.
Damals, als ich die volle Dosis meiner Medizin nahm, wurde ich sehr ängstlich und apathisch und ich, der sonst ein sehr aktiver und extrovertierter Mensch war, konnte mich nicht einmal vom Sofa erheben und mein Leben überschauen. Auch wenn ich heute nur noch ein Viertel von der damaligen Dosis nehme, bemerke ich immer noch Apathie und Abgeschlagenheit - auch wenn es in einem viel kleineren Umfang ist.

Das heutige Behandlungssystem

Ich finde, es ist nicht gut, dass man heutzutage mit einer solch großen Mengen von Antipsychotika und Antidepressiva behandelt, wenn die Menschen ein psychisches Leiden entwickeln. Denn bei den meisten psychischen Erkrankungen hilft bereits eine gewöhnliche Gesprächstherapie.

Es ist ärgerlich, dass unser Gesundheitssystem so fokussiert darauf ist mit Pillen zu behandeln, wo man nicht die eigentliche Ursache der Erkrankung beseitigt, sondern im besten Fall nur die Symptome der Erkrankung mildert.
In unserer heutigen Gesellschaft hat man keine Zeit mehr füreinander, weil wir uns dafür entschieden haben, uns nur mit dem Job, dem Internet und anderen Medien zu beschäftigen. Das Resultat ist deshalb leider oft, dass wir nur einen oberflächlichen Kontakt zueinander haben.

Dieses spiegelt sich auch in der Behandlung von psychiatrischen Patienten wider, die standardmäßig ihre Pillen Behandlung bekommen. Diese Therapie kommt nur dadurch zustande, weil der Kontakt zwischen Behandler und Patient auch nur oberflächlich ist.

Positive Aspekte an meiner Medizin

Wenn ich meine Medikation einmal durch die rosarote Brille betrachte, dann kann ich sagen, dass ich die Nebenwirkungen der Medizin genutzt habe, um mich selbst besser kennenzulernen. Dadurch habe ich den Mechanismus erkannt, der in mir wirkt und habe mehr Verständnis für mein ganzes ‚schmerzvolles Wesen' bekommen. Meine Medizin hat mich zur inneren Einsicht gezwungen, und dafür bin ich dankbar, selbst wenn es erschreckend und der Einsatz, wortwörtlich gesagt, mein Leben war.

Aber ich sollte offensichtlich noch nicht sterben. Etwas oder jemand hat die Hand über mich gehalten in den schweren Stunden. Und ich habe auch keine Sekunde daran gedacht, diese Möglichkeit zu ignorieren. Vielmehr möchte ich die Umstände dafür nutzen, um das Wesen meiner inneren Natur zu finden. Mein Leben hat nun ein klares Ziel. Ich habe es in der Einleitung dieses Buches bereits geschrieben: *Ich möchte mir selbst helfen, um anderen helfen zu können!*
Das ist eine gute Voraussetzung wie ich finde, weil es zugleich mich selbst und meine Mitmenschen betrifft. Wir alle haben unseren Platz im Leben und wir haben alle eine wichtige Funktion - auch wenn es manchmal nicht so leicht zu erkennen ist oder es manchmal nicht so erscheint.

Ich weiß, dass ich ins Leben gekommen bin mit einem großen Schmerz in mir, aber auch mit der Möglichkeit diesen zu heilen. Das Schöne ist, dass dieser Ausgangspunkt mir die Möglichkeit gegeben hat, mich selbst, aber auch meine Mitmenschen besser zu verstehen. Das gibt mir die Möglichkeit zu helfen, wenn andere Schmerz in ihrem Leben verspüren.

Ich weiß, dass mir viele Menschen um mich herum etwas bedeuten und dass ich mit meiner Art oft Freude verbreitet. Dieser Erkenntnis gibt mir Frieden. Mir selbst, aber auch anderen passiert es oft, dass wir dies in den alltäglichen Turbulenzen vergessen. Besonders wenn ich in ein inneres Loch falle, wo es recht dunkel ist.

Darum ist es wichtig, wie ich es nun mache, nämlich mich selbst an diese Tatsache zu erinnern, die ich in den schönen Augenblicken übersehe oder nicht zu erkennen vermag: *ich bin wichtig*! Im Verhältnis zu anderen Menschen und nicht desto minder im Verhältnis zu mir selbst. Nur weil das Leben manchmal wehtut bedeutet das nicht, dass ich es nichts wert sein soll.

Schwere Gefühle

Ich muss lernen mein Gefühlsleben von meiner inneren Essenz, meiner Seele zu trennen und diese Seele als meine wahre Identität wiederzuerkennen. Jedes Mal, wenn ich mich in schweren Gefühlen oder destruktive Gedanken verliere, vergesse ich, wie frei und rein ich in Wirklichkeit BIN und sehe stattdessen nur die dunkle Energie, die sich wünscht mich zu kontrollieren

Manchmal vergehen Tage oder Wochen, wo ich in solch einer dunklen Lebensperspektive gefangen bin, und dann ist es doppelt so verblüffend für mich zu entdecken, dass der Ausweg genau vor mir lag - und dieser nur darin besteht, mein Wesen in der wahren Natur, in meiner Seele zu erkennen.

Leben wie es IST

Das Leben zu erleben, wie es IST, und nicht was ich daraus mache, ist gar nicht mal so leicht, wie es sich anhört. Es ist, als

ob sich meine Gedanken und Gefühle, sobald sie die geringste Möglichkeit bekommen, sich zwischen mich und meine Erlebnisse im Leben zu schleichen und dieses mit destruktiven und negativen Gedanken zu füllen, einer nach dem anderen dunkel verfärbt.
Es ist schwer mir darüber bewusst zu sein, da dies automatisch und blitzschnell geschieht. Sobald ich ein Wort gesagt habe, einen Gedanken gedacht habe, ein Gefühl gefühlt habe, schlägt dieser Mechanismus ins Gegenteil um und fällt dann schnell mit einer Gegenreaktion auf meine Worte, Gedanken und meine Gefühle zurück. Diese Gegenreaktion ist oft von einem negativen Charakter geprägt.

Die Wirklichkeit ist, wie schon früher erklärt, nicht die Haltung, die ich dazu habe. Die Wirklichkeit sind nicht meine Gefühle und meine Gedanken darüber. Meine Gedanken, Haltungen und Gefühle waren ja auch schon da, bevor ich dachte, meinte oder etwas für sie fühlte.

Ob ich mich von meinem Stuhl erhebe oder sitzen bleibe, verändert nichts daran, dass es an der Wirklichkeit nicht zu rütteln gibt oder am Verhältnis zu den Dingen, die ich mir vornehme. Wie zum Beispiel mich dem Rauschen der Bäume hinzugeben oder dem Vorbeiziehen der Wolken am Himmel, ohne mich in allen Gedanken, Gefühlen und Haltungen zu verlieren, sondern mich stattdessen dem ganz hinzugeben. Dies ist auf der einen Seite unglaublich schön, aber gleichzeitig eine Kunst, die es zu meistern gilt.
Wenn ich mich meinen Gefühlen hingebe und eins mit dem werde, was um mich herum passiert, entsteht Magie. Das Schwierige daran ist das Praktizieren des Hingebens, da bereits der nächste Gedanke oder das nächste Ereignis versuchen mag, meine Aufmerksamkeit zu stehlen, weg von dem jeweiligen Lebensereignis oder von dem, was sich in mir abspielt oder direkt vor mir ist und alles sogleich herunterzieht auf eine negative Gedankenebene.

Hier kommt nun das Wichtigste, das ich für mich selbst und meine Leser betonen möchte:

Kein Gedanke, kein Gefühl ist verkehrt!

Alle Gefühle und alle Gedanken, ungeachtet dessen, wie ekelhaft diese einem auch vorkommen mögen, haben immer ihre Berechtigung.

Auch wenn ich manchmal regelrecht aufgesaugt werde von Gedanken oder Gefühlen und ich dann unaufmerksam werde für das, was um mich herum geschieht, macht es trotzdem keinen einzigen Gedanken oder Gefühl verkehrt. Es bedeutet einfach nur, dass zu dem jeweiligen Augenblick die Gefühle mehr Macht über mich hatten als ich über sie.

Und hier ist bereits ein neuer Augenblick und eine neue Chance, die mir das Leben schenkt, damit ich mir dieser Entwicklung bewusst werde, die sowohl in meinem Inneren als auch im Äußeren geschieht. Es wird mir schon gelingen, wenn nicht in diesem Augenblick, dann eben im nächsten. Oder im übernächsten!

Alle Wesen in Universum sind dazu bestimmt zu erwachen. Die Frage ist nicht *ob*, die Frage ist vielmehr *wann*!

Das „Gute" und das „Böse"

„Gut" und „böse" sind keine eigentlichen Objekte, aber doch sind sie recht konkret, wenn sie mir im Leben eine gewisse Richtung für oder gegen bestimmte Dinge weisen.

Wir Menschen haben die letzten Jahrtausende Kriege geführt. Die Kunst besteht nicht darin Krieg zu führen, da die Menschheit bereits gezeigt hat, dass sie das ganz gut kann. Die Kunst besteht darin Frieden zu erschaffen, auch wenn es fast unmöglich erscheint, diesen Frieden aufrecht zu erhalten.

Über Jahrhunderte hinweg haben die Menschen versucht Frieden zu erschaffen oder zumindest die Auffassung des „Bösen" zu besiegen und dadurch den Frieden zu „gewinnen". Was letztendlich „gut" oder „böse" ist, kann sehr schwierig sein festzustellen.

Wenn ich auf die moderne westliche Gesellschaft schaue, dann ist das „Böse" repräsentiert durch andere Länder oder Glaubensrichtungen, die unsere westliche Demokratie und sogenannte „Freiheit" bedrohen. In der radikal Islamistischen Gesellschaft sind es dagegen die „bösen" Westlinge, die sich dem einem, wahren Gott, nämlich Allah, nicht unterwerfen wollen. Geht man zurück in der Geschichte, waren die „Bösen" für z.B. Hitler die Juden, die er als nicht „rein" ansah und deshalb eine Bedrohung für die „reine" Rasse waren.
Der Kampf, wer in Wirklichkeit „gut" oder „böse" ist, findet auch heute unaufhörlich statt.

Frieden erreicht den, der nicht kämpft

Was wäre, wenn ich die Idee bekäme nicht mehr gegen das „Böse" kämpfen zu wollen? Wenn ich überhaupt nicht mehr kämpfen würde? Dann wäre es einer weniger in der Welt der kämpft! Was wäre, wenn ein anderer Mensch von meiner Handlung inspiriert werden würde und auch nicht mehr kämpft? Dann wären wir bereits zwei.

„Wenn dich einer auf die rechte Wange schlägt, dann halte ihm auch die andere hin." – Matthäus Evangelium.

Es ist eine Tatsache aus der Physik, dass ein Pol und ein Gegenpol die Spannung zwischen den Feldern erhöhen und somit auch die Spannung in beiden Polen. Es ist ebenfalls eine Tatsache, dass, wenn man den Gegenpol entfernt, die Spannung in beiden Polen fällt. Kann es wirklich stimmen, dass ich Frieden erzeugen kann durch das Nicht-Kämpfen - weder auf der „guten" noch auf der „bösen" Seite?
Ein Kampf existiert nur so lange wie es etwas oder jemanden gibt, gegen den man kämpfen kann. Ich und meine Mitmenschen erschaffen Frieden, wenn wir erkennen, dass **„Dort, wo kein Kampf gekämpft wird, auch kein Krieg ist!"**

Frieden in der Welt und Frieden in mir

Genauso wie ich Frieden in der Welt erschaffe, kann durch das Nicht-Teilnehmen am „gut" und „böse" mit dem gleichen Prinzip Frieden in mir erschaffen werden.

Wenn ich nicht gegen das in mir ankämpfe, was ich als verkehrt ansehe, sondern stattdessen dessen Dasein akzeptiere, dann bin ich nicht mehr ein aktiver Teilnehmer an meinem inneren Krieg. Aus diesem Krieg herauszutreten hat zwei klare Vorteile: Ich riskiere nicht länger einen Verlust und ich verbrauche keine weitere Energie mehr für diesen Kampf.

Der dritte Vorteil ist der allergrößte von allen. Ich entdecke, dass ich nicht mein innerer Kampf bin, sondern nur Zuschauer in diesem Kampf. Der Kampf rast noch immer in meinem Inneren, aber ich bin nun nicht mehr länger ein aktiver Part darin.
Das Wunder ist somit bereits eingetreten. Der Kampf in meinem Inneren verliert an Stärke und gleichzeitig nähre ich das Bewusstsein meiner eigentlichen Natur. Ich erkenne, dass ich weder „gut" noch „böse" bin, sondern stattdessen beide Größen beinhalte. Plötzlich weiß ich: **Mein bewusstes Selbst kämpft nicht und hat es niemals getan!**

· · ·

Die Arbeit mit meiner „Selbsterleuchtung" geht langsam voran. Ich habe ein klares Bild davon, wie ich langsam zum Leben erwache und mich Schritt für Schritt wiederfinde. Einst sah ich einen Film mit einem Mädchen, das an Depressionen litt und zum Schluss des Filmes war sie genesen. Als sie erklären sollte, wie sie geheilt wurde, war alles, was sie dazu sagen konnte folgendes: „Es ging schrittweise, dann plötzlich."

Mir geht es selbst so, als ob ich langsam erwache, und auch wenn schwere Tage in meinem Leben verbunden sind mit Zweifeln, so weiß ich, dass ich eines Tages da sein werde, wo ich immer sein wollte.

Es ist etwas paradox für mich: Ich wünsche mir „ganz" zu sein, in mir komplett, aber in Wirklichkeit BIN ich es bereits. Ich habe es einfach nur noch nicht entdeckt. Wenn ich die vitale Bedeutung des *Jetzt* verstehe, dann weiß ich: **Hier und jetzt ist die Lösung meiner Probleme, weil hier und jetzt bin ICH!**

Meine Gefühle brauchen mich

Meine Gefühle tun mir weh - wie lange habe ich nicht gegen diese Tatsache angekämpft! Ich habe mich mein ganzes Leben lang dagegen gewehrt. Erst jetzt bin ich dabei meine Gefühle anzuerkennen und sie ernstzunehmen. Dieser Prozess hat viele harte Schlachten und viel Schmerz gekostet. Meine Gefühle brauchen mich. Und sie haben mein ganzes Leben lang nach mir gerufen. Ich danke dem Universum und mir selbst, dass ich endlich begonnen habe, ihnen zuzuhören.

Ich habe mir nicht bewusst gewünscht, dass ich mir wehtue. Ich glaube nicht, dass ich mir jemals gewünscht habe, dass es mir schlecht gehen soll. Wenn ich darüber nachdenke, weiß ich, dass ich immer schon auf meiner eigenen Seite gestanden habe - bereits als kleiner Junge.

Mein selbstkritischer Sinn

Leider waren die Versuche, wo ich mir selbst helfen wollte, oft fehlerhaft oder gar komplett hoffnungslos. Ich bin dankbar für meinen selbstkritischen Sinn, weil ich durch ihn die Tatsachen auf der Vernunftebene habe akzeptieren können. Ansonsten weiß ich nicht, wo ich gelandet wäre. Aber dieser selbstkritische

Sinn hat mich auch viel Blut, Schweiß und Tränen gekostet, zugleich haufenweise von Vorwürfen an jedem einzelnen Tag.

Und doch hat mein selbstkritischer Sinn in letzter Instanz bedeutet, dass ich heute mit dem Gefühl dastehe, in die richtige Richtung zu gehen und nicht nur die Welt umarme, sondern auch mich selbst. Mein selbstkritischer Sinn hat mich wieder und wieder gezwungen nach innen zu schauen und nicht meinen Blick abzuwenden für das, was für viele offensichtlich war, aber für mich eben nicht. Ich finde Trost in den Worten: „Selig sind die, die verfolgt wurden in ihrem Herzen. Jene sind es, die den Vater wahrhaft erkannt haben." – Jesus im Thomasevangelium.

Der Weg in den Augenblick

Der Schmerz von den Pillen, den ich sehr, sehr lange durchlitten habe, scheint nun zurückzukehren. Er hat neben den dadurch ausgelösten Stresssymptomen und den heftigen psychischen Schmerzen auch mein Kurzzeitgedächtnis beeinträchtigt, welches teilweise oder vollkommen zerstört war. Es war hart sich nicht an den vorangegangenen Tag erinnern zu können oder was ich vor ein paar Minuten gesagt oder gemacht habe.

Hier hat der Augenblick mich oft gerettet, denn zum Glück ist das Kurzzeitgedächtnis nicht das gleiche wie das Erleben des Lebens hier und nun. Die Ebene habe ich nie verloren, und wie bei allem anderen auch, ist mein fehlendes Kurzzeitgedächtnis der Weg in den Augenblick geworden, wo alles anfängt und endet. In diesem einen wundervollen Augenblick.

...

Die Zeugen Jehovas waren gerade hier, und wie der Name des Glaubens bereits verrät, sehen sie sich als die Zeugen von Gott (Jeho-va). Einige Mal schrie deren Unwissenheit mir direkt ins Gesicht und ich war verblüfft darüber, dass sie auf der einen Seite über Gott reden, auf der anderen Seite jedoch überhaupt nicht verstehen, wer Gott IST.

Wie kann ich von Gott wissen, wenn ich ihn nicht kenne und wie weiß ich überhaupt, ob ich Gott kenne? Tief in mir weiß ich es wohl niemals: „Wie alles Erschaffene entstanden ist, was es nun geformt hat oder nicht, er, der vom Himmel schaut - das weiß nur er und vielleicht weiß er es auch nicht." – Der große Erschaffer (Rigveda X 129).

Desto mehr ein Mensch eine feste Haltung hat, umso skeptischer werde ich. Die Zeugen Jehovas wissen ja alles über Gott. Damit kann ich mich einfach nicht anfreunden. Ich möchte mir gerne mein eigenes Bild von Gott erschaffen, ohne von anderen belehrt zu werden, wer und was Gott IST. Und wie man an ihn glauben soll. Die Wahrheit ist doch, dass mein Verhältnis zu Gott keine Doktrin ist, sondern ein Erlebnis, das nur ich haben kann. Deshalb ist es auch notwendig, dass ich mich von den Doktrinen und Lehren über Gott wegbewege, wenn ich jemals ein direktes und persönliches Verhältnis zu ihm haben möchte. Alles andere wäre nur ein Verhältnis zu einer Anzahl von Doktrinen und Gesetzen – doch was haben die mit Gott zu tun?

Ich BIN mein größter Lehrmeister!

„Die, die nur auf sich selbst vertrauen, keine Hilfe suchen bei anderen außer sich selbst, sind diejenigen, die die größten Höhen erreichen werden." – Buddha in den Weltreligionen. Wenn nicht bei mir selbst, wo soll ich denn die Antworten suchen? Selbst die Antworten, die ich in der Welt finde, verlangen, dass ich die Antworten wiedererkenne - und wie soll ich dieses bewerkstelligen, wenn ich sie nicht von mir kenne?

Natürlich inspirieren andere Menschen mich, genauso wie die Dinge, die ich höre und sehe. Es sei denn ich bin blind, aber abgesehen davon gibt es einen Widerhall in meinen eigenen Inneren, wo ich einem höheren Pfad, einem höheren Weg folge, weil der Weg immer seinen Ursprung in der einen Quelle hat, der mich zu meiner eigenen Wirklichkeit führt - nämlich zu MIR SELBST.

• • •

„Pssst! Ich kam herein. Ich habe die Begrenzung meines physischen Körpers verloren, ich war in meiner Haut – natürlich, aber ich fühlte, dass ich in die Mitte eines Kosmos stieß. Ich sah Menschen, die mir entgegenkamen, aber es waren alles Männer. Sie waren alle - ich selbst. Ich habe diese Welt niemals zuvor gekannt. Ich dachte, dass ich erschaffen wurde, aber nun habe ich meine Meinung geändert: Ich wurde nie erschaffen, ich war Kosmos. Kein Mensch existierte." – Unbekannter Zen-Mönch – Von der weltlichen Religion.

Schau her: Ich bete zu Engeln, ich bete zu Gott. Ein großer Raum eröffnete sich in mir. Ich war da, aber mein physischer Körper war weg. Ich war an einem Ort mit reinem Bewusstsein, reinem Geist und nicht mehr länger in Kontakt mit etwas Irdischem. Überall um mich herum existierte eine Dunkelheit, so fühlt es sich zumindest an. Ich war umgegeben von einem enormen NICHTS, einem enormen ALLES, und ich selbst war nicht mal ein Strich in der Luft. Ich war ängstlich, aber gleichzeitig auch überwältigt und erfüllt mit Dankbarkeit und Bewunderung über diesen unbeschreiblichen und schönen Ort, den ich erleben durfte. Nach einer gewissen Zeit - ich weiß nicht wie lange - versuchte ich mich dort zu orientieren, wo ich war. Langsam kam ich wieder in Kontakt mit meinem normalen Selbst und meinem Körper. Welch ein Wunder habe ich dort erfahren, welche eine Schönheit!
Wen interessiert das alles? Ich weiß es nicht! Ich weiß doch, dass es mich etwas angeht und dass ich Ehrfurcht und inneren

Frieden wiedererkenne jedes Mal, wenn ich so einen Bericht lese, wie von dem Zen-Mönch oder mir mein schönes Erlebnis wieder ins Gedächtnis rufe, das ich gerade hier ausführlich beschrieben habe.
Dann entsteht z.B. folgende Einsicht und ich kann nicht mal erklären woher sie kommt:

„Das Leben hat keine Form, es hat keine Begrenzung. Das Leben ist ein unendliches Universum, das gleichzeitig stillsteht und sich bewegt. Ein unendlicher Raum, wo auf wunderliche Weise ein weicher, milder und liebevoller energetischer Strom fließt, ein unfassbares Licht, das Leben gibt - den Dingen und all den Formen, die wir Menschen sehen, wenn wir uns selbst erkennen und die Welt, in der wir leben." – Kaspar.

Viele Dinge weiß ich bereits, ich verstehe nur nicht woher. Sie sind wie eine innere Überzeugung, die mir vorausgeht. Ich weiß, dass ich „Gottes Reich" (meine eigene Seele) wiedererkannt habe in mir selbst. Ich weiß, dass ich eines Tages eine große Rolle in dem Leben von anderen Menschen spielen werde (vielleicht tue ich das bereits jetzt). Ich weiß, dass dieser Planet eine enorme Umwälzung erleben und es zum Anfang problematisch sein wird, aber zum Schluss wird es alles zum Vorteil für alle gereichen. Ich habe meinen ungeborenen Sohn bereits gesehen und ich weiß auch, dass meine jetzige Partnerin für den Rest meines Lebens an meiner Seite sein wird. Ich weiß, dass ich zwei Kinder mit meiner Partnerin bekommen werde - ein Junge und ein Mädchen. Ich weiß, dass es Engel und Dämonen gibt und alle lebenden Wesen eine Seele haben. Ich weiß, dass wir nicht alleine im Universum sind und dass andere Zivilisationen uns ähneln und wiederum ganz anders sind als wir. Ich weiß, dass sie uns beobachten und die meisten wünschen uns alles Gute. Ich weiß, dass diese Wesen sich eines Tages zeigen werden und unsere Sichtweise auf die Welt und unser Selbstverständnis verändern werden. Ich weiß, dass die Menschen glücklich enden werden, und dass unsere Essenz bereits an diesem glücklichen Ende ist, aber dass die meisten von uns noch nichts von dieser Tatsache wissen. Ich weiß, dass die meisten Menschen mir diesbezüglich nicht glauben werden, doch mit dieser Tatsache habe ich mich zunehmend abgefunden.

In „Zuhause in Gott: Über das Leben nach dem Tode" von Neale Donald Walsch, in dem der Autor ein Gespräch mit Gott (seiner eigenen Seele) führt argumentiert Gott dafür, dass wir das, was wir glauben, erschaffen. Dadurch manifestiert sich an einem bestimmten Zeitpunkt ein jeder Gedanke, den ich über mich, mein Leben und über die anderen Menschen denke oder sage. Diese verblüffende Tatsache ist auch in der Bibel beschrieben:

„Im Anfang war das Wort, und das Wort war bei Gott, und Gott war das Wort. Dasselbe war im Anfang bei Gott. Alle Dinge sind durch dasselbe gemacht, und ohne dasselbe ist nichts gemacht, was gemacht ist. In ihm war das Leben, und das Leben war das Licht der Menschen … Und das Wort ward Fleisch und wohnte unter uns." – Johannesevangelium.

In diesem Kontext muss ich äußerst aufmerksam sein mit dem, was ich denke und sage. Denn mit allem, was ich denke, sage und damit glaube, erschaffe ich auch meine ganz eigene Wirklichkeit. Dieses gibt Grund für eine fundamentale und vollständig überraschende Frage: Wer ist in Wahrheit der Erschaffer von der Wirklichkeit und der Welt? Kann es tatsächlich sein, dass ich und du sie erschaffe? Dass ich und du sind - ja wer? Gott?

Lass nun das Leben sein - lass es sein!

Das Leben ist genug in sich selbst und der Schmerz entsteht wie gesagt in mir, wenn ich mich dem Lebensweg entgegenstelle. Ich wünschte mir mich dieser Tatsache hingeben zu können, aber mein Ego hat manchmal andere Pläne mit mir. Es wünscht sich, dass ich mich in die Lebensverhältnisse einmische und leidet an der Wahnvorstellung, dass, wenn ich meine Meinung in gewissen Angelegenheiten sage, alles viel BESSER wird. Welch ein Wahnsinn! Denn was gibt es in meinem eigenen Leben, das ich ändern kann, wo alles ganz plötzlich radikal besser wird? Oder das Leben der anderen?

Das Leben ist hier wie beschrieben, davor und danach ich etwas mache. Es ist richtig, dass ich Unterschiede in gewissen Situationen machen kann, die ich in meinem eigenen Leben erlebe. Oder ich kann meine Mitmenschen in einem kleineren oder größeren Grad beeinflussen bei Situationen in deren Leben. Aber zu glauben, dass ich das gesamte Resultat von allem kenne, wenn ich mich in verschiedene Lebenssituationen einmische, ist für mich vollkommen daneben.
Ich bin so klein und die Welt ist so groß. Die Ursachen, die im Leben wirken, sind so komplex und verwinkelt, dass mein eigenes Wissen nicht mehr als ein Tropfen im Meer ist. Ich kann versuchen Verhältnisse in meinem Leben und das Leben der anderen zu verändern, was ich auch versuche, aber meine eigene Demut für alles, was mir im Leben begegnet, sollte IMMER an erster Stelle stehen, wenn ich wirklich etwas Gutes für diesen Planeten bewirken möchte.

Manchmal werde ich sehr wütend und bin mitgenommen in bestimmten Situationen, aber das, was ich oft dabei erlebe, sind nur Frustration, Stress und nachfolgende Mutlosigkeit. Wenn es mir stattdessen gelingt einen Schritt zurückzutreten und mich nicht einzumischen, sondern Dinge einfach geschehen zu lassen, dann entsteht oftmals eine Ruhe und ein glückseliges Gefühl in mir.

„Lass das Leben nun sein, lass es sein!" – Eckhart Tolle.

Eckhart Tolle

Auf Facebook las ich heute einen Text von Eckhart Tolle. Dieser war folgendermaßen:

„Liebe Freunde,
Philosoph Epictetus (55-135 n. Chr.) gab diesen Rat:
„Heiße die jetzigen Umstände willkommen und akzeptiere die Dinge, wenn sie entstehen. Halt deinen Willen parallel zu den Ereignissen."

Mit anderen Worten: Hör auf gegen das zu argumentieren, DAS IST (in deinem Sinn oder außerhalb von dir). Kein meinungsloses Herummeckern, Vorwürfe, Irritationen, Fehlermachen. Es ist eine große Energieverschwendung und reduziert deine Möglichkeiten klar zu denken und zu handeln. Es verunreinigt dein Leben mit Negativität und dann gibst du es weiter an andere. Also: ZU BEKOMMEN WAS DU WÜNSCHST ist gut. ZU WÜNSCHEN WAS ZU BEKOMMST ist besser.

In Liebe, Eckhart"

Auf eine Art empfinde ich diese Botschaft als schön. Sie erzählt mir, dass es, wenn ich die Dinge akzeptiere, Klarheit in mir erschafft, und wenn ich das Gegenteil mache und mich dagegen wehre, ich meine Energie verschwende und mir mein Leben beschwerlich mache.

Und doch hallen Eckharts Worte wie eine Ermahnung in meinem inneren Ohr wider, die mir sagen will: Mach es nicht so, aber mach es stattdessen so! Akzeptanz heißt doch auch seine Zustimmung geben, wenn man über etwas meckert - über mich selbst und andere Menschen, oder? Es dreht sich doch in den spirituellen Lehren, so wie ich es verstanden habe, nicht um Ermahnung, sondern um simples Bewusstwerden!

Bewusstsein BIN-ich, wenn ich nicht gegen meine dunklen Seiten angehe, aber sie akzeptiere als ein Teil von mir. Bewusstsein stellt keine Anforderungen an mich, aber sieht nur das, was in mir ist, wie es IST. Mein Bewusstsein sieht, wenn ich liebe, aber es sieht auch wenn ich hasse. Es weiß, wenn ich mich aufrege und es weiß, wenn ich nett über Dinge rede.

Alles in meinem Inneren und in der äußeren Welt kennt mein Bewusstsein und: **Mein Bewusstsein hat nicht die geringste Meinung über irgendetwas von dem, was in mir IST.** Es erkennt es nur wieder.

Warum also kommt Eckhart Tolle mit diesen gutgemeinten, aber mahnenden Worten? Sollte er nicht die verschiedenen unzähligen Bereiche des Bewusstseins ansprechen, anstatt zu sagen was man soll oder nicht soll?
Mein Bewusstsein kann etwas, das ich niemals lernen werde. Es kann alles sehen, ohne zu beurteilen, was es sieht. Wenn ich mein eigenes Bewusstsein erkenne und „selbst-bewusst" werde, dann bin ich meinem eigenen beurteilenden Sinn erhaben, und auf der Bewusstseins- (die Seelen-) Ebene, wo ich nicht mehr länger der bin, der beurteilt aber der, der SIEHT.

• • •

Ich bekomme oft Kommentare von anderen Menschen, die mit den Dingen zu tun hat, mit denen ich mich täglich beschäftige. Es ist, als ob die Leute wissen, womit ich gehe und mich beschäftige, und ganz aus dem Blauen heraus werden meine Überlegungen in Form von Rat und Anleitungen kommentiert. Ich habe meine geistige Seite lange und intensiv zu Rate gezogen, u.a. durch das Eintauchen in meine inneren Gefühle. Diese intensive Form von Heilung führt einen tiefen Kontakt mit meinem inneren Leben mit sich, was jedoch dann auch meine Schmerzen verschlimmert, da ich sehr intensiv mit meinen Gefühlen arbeite.

Ich hatte angefangen zu überlegen, ob das, was ich tat, gut für mich war, denn ich war in meinem Alltag oft müde und nicht aufgelegt, und als meine Partnerin eines Tages aus der Haustür ging und mir sagte: „Vielleicht solltest du nicht so nah mit dem in dir in Berührung kommen, was dir wehtut, sondern es stattdessen im Hintergrund deines Bewusstseins halten", da klingelte es plötzlich bei mir und ich beschloss nach ein paar Überlegungen, dem eine Chance zu geben.

Nun ist eine Woche vergangen und fast zeitgleich mit dem Entschluss sind meine Erlebnisse von der Wirklichkeit klarer geworden und mein Schmerz weniger. Ich habe mehr Energie bekommen und werde nicht mehr so schnell müde im Laufe des Tages. Nach mehreren Überlegungen war es wahrscheinlich nicht so gut, meinen Schmerz so oft und nahe an mich herankommen zu lassen, da mein Schmerz noch lange nicht alles ist, das im Leben IST.

Fakt ist, dass der Schmerz ein kleiner Teil von mir ist und im Verhältnis zur der Vielfalt im Leben ist mein Schmerz fast mit gar nichts aufzurechnen. Gestern, nachdem meine Partnerin und ich einen Streit hatten, habe ich mich selbst ein paar Stunden lang geheilt, aber dann stoppte ich plötzlich und es fühlte sich so richtig an. Ich denke, dass Heilung in einem gewissen Grad mir guttut, aber wird die Heilung zu intensiv, erlebe ich, dass der Schmerz deutlich zunimmt anstatt sich zu verringern.

Ich möchte hier darauf hinweisen, dass das Selbst-Bewusstsein mit dem, was in mir ist, NIEMALS verkehrt ist,

aber es ist auch wichtig, dass ich darauf aufmerksam bin, dass es mein Bewusstsein ist, das sich vermehrt und nicht ein Widerstand gegen etwas in mir. Auf mich aufmerksam zu sein kostete mich keine Kraftanstrengung. Aufmerksam zu sein ist eher etwas, das ich-BIN vielmehr als etwas, was ich ausübe.

Ich kann mein Bewusstsein (meine Seele) unter all dem anderen in mir wiedererkennen, da ein jeder negative Gedanke, genauso wie negative Gefühle, kein Bewusstsein ist, sondern etwas, das mein Bewusstsein enthält.

Mein Bewusstsein ist mild und liebevoll und darüber hinaus das, was Worte beschreiben können. So erkenne ich mich selbst.

„Schließe deine Augen und schaue genau vor dir! Genau vor deinen Augen findest du deine Wesens-Essenz - dein mildes, weiches und liebliches Selbst."

Von meinem Facebook-Profil, 2013.

Meine Fehler

„Wenn alle Fehler dich an diesen Punkt geführt haben, wie können es dann Fehler sein?" – Eckhart Tolle.

Ist somit irgendetwas in meinem Leben, das ich mache, ein Fehler? Wenn eine höhere Macht in mein Leben involviert ist, dann kann nichts, das ich mache oder sage in meinem Leben verkehrt sein. Alles was ich gemacht habe, war ich somit gezwungen zu tun, um hierher in meinem Leben zu kommen, wo ich jetzt bin.

Oftmals wenn ich Dinge mache, die mir emotional wehtun, erlebe ich diese als Fehler, aber sind sie das denn auch? Wenn es nicht gedacht war Schmerz zu fühlen, warum fühle ich ihn dennoch? Wenn nun der Schmerz ein Teil meines Lebens ist, muss es auch einen Grund geben, warum er da ist!

Wenn ich näher auf meinen Schmerz schaue, dann ist es nicht immer angenehm ihn zu bemerken, aber ich glaube auch, dass mein Schmerz ein anderes Ziel beabsichtigt. Er macht mich bewusst über mich selbst und die Situation, die er herbeigeführt hat, damit der Schmerz entstanden ist. Mein Schmerz ist wie eine Stimme, die mir erzählt, dass ich nun besonders aufmerksam sein soll für das was ich mache und ob es gut für mich ist oder nicht.
Jedes Mal wenn ich Schmerz gefühlt habe, habe ich entweder Widerstand geleistet gegen etwas in mir selbst oder gegen etwas in meiner Umgebung. Sobald ich diesen Widerstand aufgegeben habe, ist mein Schmerz entsprechend weniger geworden. Wenn ich der schmerzenden Stimme zuhöre, finde ich schnell heraus, was sie mir zu erzählen versucht. Der Schmerz flüstert: „Hör auf Widerstand zu leisten, Kaspar!"

Leider habe ich mein ganzes Leben Widerstand geleistet gegen mich und meine Umgebung, dadurch hat sich der Schmerz in meinem Inneren aufgestapelt. Dies bedeutet, dass mein Schmerz sehr gewaltig sein kann und manchmal ganz aus dem Blauen heraus entstehen kann.

Es liegt viel Arbeit vor mir. Nicht nur, dass ich mich dem gewaltigen Schmerz stellen muss, der immer wieder in mir auftaucht. Ich muss mir dessen auch bewusst werden und mein Verhalten stufenweise ändern, wodurch ich diesen Schmerz in meinen Inneren mein ganzes Leben lang angesammelt habe.

Dabei muss ich daran denken, dass der Schmerz mein Freund ist, nicht mein Feind. Der Schmerz versucht mich in die richtige Richtung zu leiten. Alles, was er von mir verlangt, ist, dass ich mich daran erinnere, das nächste Mal zuzuhören, wenn er meinen Namen ruft.

• • •

„Das was Jahre brauchte zur Entwicklung, verlangt auch Zeit, um es abzuschließen." – ‚Schatteneffekte' von Deepak Chopra. Meine Arbeit mit dem Schmerz ist meine wichtigste Arbeit. Wie ich im oberen Abschnitt beschrieben habe, ist der Schmerz mein Freund, nicht mein Feind. Er ist meine Alarmglocke, die mir erzählt, dass etwas in mir meine Aufmerksamkeit braucht.

Die Arbeit mit dem Schmerz braucht seine Zeit. Ich habe mein ganzes Leben dazu genutzt, ihn aufzubauen. Es ist nur natürlich, dass es auch eine gewisse Zeit dauert, meinen Schmerz wieder zu entfernen. Und ich habe diesen Schmerz nicht nur mein ganzes Leben lang aufgebaut, ich bin schon mit einer beträchtlichen Menge Schmerzen in dieses Leben gekommen.

Schmerz, den ich aus meinem vorherigen Leben angesammelt habe.

Ich bin mir dessen bewusst, dass viele Menschen nicht daran glauben, dass wir schon vorher gelebt haben. Persönlich habe ich nichts dagegen diese Behauptung die besagt, dass mein Schmerz nicht von einem früheren Leben stammt, sondern eingespeist ist in meiner DNA und/oder mir zugefügt wurde während meiner Erziehung. Mein Schmerz ist eine Tatsache – ganz egal, wo er herkommt.
Ich brauche die Ursachen dafür nicht zu verstehen, um ihn verarbeiten zu können. Alles, was der Schmerz verlangt von mir, ist meine Aufmerksamkeit.

Schmerz BIN nicht ich

Ich erlebe Schmerz in meinen Leben, aber der Schmerz bin nicht ich. Es ist wichtig, dass ich mich daran erinnere. Besonders wenn er sehr gewaltig ist. Ich bin nicht mein Schmerz. Ich beinhalte ihn nur. Mein Schmerz geht vorüber, weil er kommt und geht wie alles andere in meinem Leben. Wenn ich meinen Schmerz treffe und ihn als das sehe, was er IST, verarbeite ich ihn:

„Akzeptiere, dass er (der Schmerz) da ist … Bleibe nahe und beobachte das, was in dir geschieht. Sei bewusst, nicht nur wegen des emotionalen Schmerzes, sondern auch für den der beobachtet (du selbst)." – Eckhart Tolle.
Der Schmerz ist nicht ich, nein, denn wenn der Schmerz ich wäre, würde alles sich schmerzlich anfühlen. Und ich fühle viel mehr als nur Schmerz - zum Glück! Wie meine anderen inneren

Zustände, zum Beispiel Glück, Sorgen oder Wut, ist auch mein Schmerz ein innerer Zustand, der sich konstant verändert.
Alle diese Gefühle bewegen sich in einem unendlichen Strom in mir. Warum sollte ich etwas davon zurückhalten? Es wäre verständlich, wenn ich die angenehmen Gefühle gerne behalten möchte, aber es ergibt keinen Sinn, die unangenehmen zu behalten. Trotzdem habe ich genau das getan!

Natürlich habe ich nicht meinen Schmerz bewusst zurückgehalten. Ich habe versucht ihn zu bekämpfen, habe Widerstand geleistet. Hätte ich bloß gewusst, dass Widerstand gegen Schmerz nur noch mehr Schmerzen herbeibringt, hätte ich mich nie auf diese Strategie eingelassen. Ich war mir nicht klar darüber, dass ich, wenn ich Widerstand gegen ein Gefühl ausübe, den natürlichen Strom des Gefühlflusses in mir blockiere und ich dadurch nur diese Energie vergrößere.

Leben-IST ein ewiger Fluss

Meine Gefühle bewegen sich, wie alles andere in mir, wie in einem Fluss, und bald erlebe ich ein Gefühl, dann aber ein andere. So ist es mit den angenehmen Gefühlen und so ist es auch mit den weniger angenehmen Gefühlen in mir.

Der Schlüssel zu einem gesunden Inneren ist für mich das Verständnis dafür, dass die Bewegung meiner Gefühle etwas ganz NATÜRLICHES ist. Ich muss ihnen erlauben frei in mir zu fließen, ob nun angenehme oder weniger angenehme Gefühle. Auch wenn ich versuche, die schönen Gefühle in mir zu behalten, zerstöre ich den natürlichen Fluss. Schöne Gefühle dürfen mich ebenfalls durchströmen, damit neue entstehen können.

Das Leben IST voll mit Wundern

Das Leben ist ein ewiger Strom aus Energie und diese Energie ist in konstanter Veränderung. Meine Aufgabe als Mensch ist es nicht, mich den Veränderungen des Lebens entgegenzusetzen, sondern dem Leben Platz zu geben, damit es sich entfalten kann nach seinem eigenen Ziel. Ich soll jedes Gefühl willkommen heißen, genauso wie jede Energie, die in mir entsteht und dieser begegnen, wie sie IST: ein Wunder! Wenn ich erst gelernt habe alle Dinge durch mich fließen zu lassen ohne Widerstand zu leisten, werde ich erfahren, dass dieses wahr ist.

Das Leben ist nicht nur ein Wunder. Das Leben ist voll mit Wundern und diese geschehen die ganze Zeit: Alles, was das Leben von mir verlangt ist, dass ich mich zurücklehne und den ewigen Energiestrom betrachte, der niemals stoppt.
Sobald ich ein Gefühl registriere, hat das Gefühl bereits eine neue Form angenommen und wieder eine neue - und eine weitere. Sowohl in meiner inneren als auch in meiner äußeren Welt findet diese konstante Veränderung statt und glücklich BIN ich, wenn ich mich der Veränderung nicht widersetze, sondern sie einfach zulasse.
„Seid guten Mutes, wenn ihr entmutigt seid, seid mutig in der Gegenwart der verschiedenen Formen der Natur." – Jesus im Evangelium der Maria.

Das Leben tanzt

„Eins zu sein mit dem Leben, ist im Jetzt zu sein. Dann verstehst du, dass du nicht dein Leben lebst, aber dein Leben dich lebt. Das Leben ist der Tänzer und du bist der Tanz." – Eckhart Tolle.

Das Leben durchströmt mich wie ein Strom von Energie und ich habe real keine andere Wahl als mich dieser Energie hinzugeben, die niemals aufhört.

Wo kommt diese Energie her, und wo geht sie hin? Wie lange ich auch über diese Frage nachdenke, ändert es nichts an der Tatsache, dass meine Gefühle die Realität SIND! Ungeachtet dessen, welche Ursachen und welche Gefühle ich habe, so SIND sie da. Ich kann sie nicht loswerden. Und wenn ich sie nun nicht loswerden kann, was macht dann mehr Sinn, als mich ihnen hinzugeben?

Hingabe IST Freiheit

Welch ein Wahnsinn! Ich habe mich etwas widersetzen wollen, das ein Teil von mir selbst ist. Wenn ich mich stattdessen meinen Gefühlen hingebe, geschieht im gleichen Augenblick eine Veränderung in mir. Ich erlebe Frieden in mir. Alle die Energien, die ich nun gebraucht habe, um mich meinen Gefühlen zu widersetzen, werden nun freigegeben und ich merke, wie mein Körper den Widerstand aufgibt wie ein großer und dankbarer Seufzer.

Eine Ruhe kommt über mich und es fühlt sich an, als ob mich eine höhere Kraft segnet als Dank dafür, dass ich nun endlich aufgehört habe gegen das zu ankämpfen, das immer ein Teil von mir gewesen ist und sein will von dem, der ich BIN.

Nicht lange Zeit nachdem ich den Widerstand aufgegeben habe, erlebe ich, dass sich etwas verändert hat in mir. Die Gefühle, die im Laufe der Jahre in mir gewerkelt haben und mir wehtaten, fangen an sich zu lindern. Ich merke, wie die Gefühle sich frei in mir bewegen, gleichzeitig kann ich buchstäblich hören, wie Leben in meinen Körper kommt.

Meine inneren Organe fangen wieder an zu arbeiten, als hätten sie nie etwas anderes getan. Meine Umgebung wird klarer und wirklicher. Als ob dort nichts mehr länger ist, das zwischen mir und dem steht, das ich erlebe. Ich fühle mich frei und das Einzige, das ich gemacht habe ist, dass ich mit dem Leben gearbeitet habe und nicht dagegen. Das Leben hat angefangen in mir und außerhalb von mir zu „tanzen", und ich bin der glückliche Auserwählte für dieses unbeschreibliche Wunder.

Wie veränderte sich das Leben in wenigen Augenblicken von schmerzvoll zu unbeschwert? Das machte das Leben einzig und allein, weil ich meinen Zugang dazu geändert habe! Ich habe meine Einstellung zu den konstanten Veränderungen des Lebens von *dagegen* zum *dafür* gewandelt. Mit anderen Worten war es nicht das Leben, das seinen Zugang zu mir verändert hat - sondern ich, der den Zugang zum Leben verändert hat. Zum Dank dafür ließ mich das Leben erfahren, welches Wunder es wirklich IST: Leicht und unbekümmert, liebevoll und frei. Wie eine leichte Brise in meinem Gesicht.

Der Schmerz kommt zurück

Kurz nachdem ich Frieden in mir fühle, beginnt die Routine und das alte Muster macht sich wieder in mir bemerkbar. Ich beginne ganz unbewusst Widerstand gegen die neuen, erlebten Gefühle auszuüben. Es verlangt einen hohen Grad an Bewusstsein, um diese destruktiven Kräfte zu durchschauen, die in mir wirken, weil sie ein eingewachsener Teil meiner Persönlichkeit sind.

Bewusstsein ist real meine einzige Möglichkeit, um meine destruktiven Kräfte loszulassen. Denn so lange ich nicht der Wahrheit über mich in die Augen sehe oder mir der destruktiven Seiten in mir nicht bewusst bin, können diese versteckt in mir weiter agieren und meine Entschlüsse beeinflussen - so lange sie wollen.

Wenn ich mir dessen bewusst bin, werden die Rollen getauscht. Mein Bewusstsein über die destruktiven Seiten in mir führt dazu, dass ich nun selbst wählen kann, wie ich mich entscheiden will und wann. Diese destruktiven Seiten sind noch immer da, aber ich bin nun nicht mehr ein unbewusstes Opfer von ihnen.

Bewusstsein

Bewusstsein ist wie gesagt dort, wo man nichts verändern muss. Bewusstsein ist somit ganz einfach das erkennen, dass es IST, wie es IST.

Mich von einem Problem zu lösen geschieht deswegen nicht dadurch, dass ich mich dem Problem widersetze, sondern stattdessen, dass ich das Problem erkenne. Das ist dann auch schon alles, was ich benötige. Die Verwandlung ist bereits geschehen. Ein unbewusstes Gebiet von mir selbst ist nun bewusstgeworden, und das unbewusste Gebiet hat etwas von seiner Macht verloren oder gar keine mehr über mich.

Wenn ich mir voll bewusst bin

Wenn ich mir voll bewusst bin über alle Mechanismen, die in meinem Sinn und meinen Gefühlen wirken, dann ist nichts mehr verborgen. Alles wird sichtbar im Licht meines Bewusstseins. Alles ist wiedererkennbar und weil es wiedererkennbar ist, ist es auch natürlich.
Ich werde nun nicht mehr länger von unbewussten Mechanismen gesteuert, die in mir versteckt handeln, sondern kann selbst endlich so präzise wählen, wie ich es mir wünsche. Welch eine Freiheit das doch IST! Und wie viele Möglichkeiten sich daraus ergeben!
Mir selbst in die Augen zu sehen braucht Mut. Ich musste viele „Kröten" schlucken - und das tat ich auch. Nicht alles war immer leicht für mich zu sehen, und es versteckt sich immer noch „Leichen in meinem Schrank". Ich habe noch immer unbewusste Gebiete in mir, die leiden und darauf warten, dass ich sie entdecke, um mich selbst endlich zu befreien.

Es ist ein Prozess, wie alles im Leben, das Zeit und Mut braucht. Ich habe lange genug gewartet und ich fühle keinen Drang mehr länger zu warten. Warum sollte ich Teilen von mir selbst verborgene Kräfte übergeben, wenn deren einziges Ziel es ist, all dem in meinem Leben was ich liebe entgegenzuarbeiten?

...

Mein Schmerz verzieht sich mehr und mehr. Ich erlebe mehr innere Ruhe in steigendem Maß und eine kitzelnde Energie, die mich durchströmt.
Die Unwissenheit der Welt ist groß, und es macht mich manchmal traurig. Ich finde es schwer die ganze Unwissenheit zu sehen, die in uns Menschen steckt und all den Schmerz, der dadurch mitgeführt wird. Wir brauchen uns selbst und einander keinen Schmerz zufügen. Es ist nicht notwendig. Es gibt ein

Leben, wo Schmerz nur etwas Vorübergehendes und das Glück permanent in unserem Leben ist. Der Wunsch von etwas Besserem ist in der Welt vorhanden, aber der Wille und die Fähigkeiten reichen nicht so weit - bis jetzt. Eine Veränderung des Weltzustandes verlangt, dass ich mir selbst in die Augen schaue und selbst die Verantwortung übernehme für den Part, der mir zugedacht ist.

Jeder Mensch ist unwissend, ein jeder Mensch erlebt Schmerz in seinem Leben. Schmerzen, die er oder sie sich selbst oder anderen zufügt, bis der Tag kommt, wo der Mensch beginnt selbst die Verantwortung zu übernehmen für seine Unwissenheit und seinen eigenen Schmerz. Dann hört der Wahnsinn auf - aber nicht vorher.

Ich kann mich nicht daran erinnern, wann ich an den Punkt gekommen bin, an dem ich mich nicht länger in diesem Schmerz wiederfinden wollte. Ich glaube es geschah durch den Versuch von den Psychopharmaka wegzukommen. Der Schmerz, den ich unter diesem Prozess erlebte, war so enorm, das ich zum Schluss den Entschluss fasste, dass ich den Schmerz nicht länger in meinem Leben haben wollte.

Wann und wie ich zu diesem Punkt kam, kann ich nicht genau erklären. Ich kann nur sagen, dass es plötzlich einfach so war. Auf einmal weigerte ich mich mein Leben mit Schmerzen zu füllen. Ich war nun gleichzeitig bereit zuzugeben, dass meine Krankheit sowie mein Versuch von den Psychopharmaka wegzukommen einen genauso so großen Anteil an meinem selbstzerstörerischen Verhalten gewesen war.

Ich habe lange Verantwortung übernommen

Ich lernte Verantwortung für mein Leben und meine Gefühle zu übernehmen in meinem früheren Krankheitsverlauf, und zwar mit der Hilfe von Kaj Björkman. Als meine damalige Freundin mit mir Schluss machte, habe ich beschlossen, dass ich diesen Schmerz, der dieses Beziehungsende mit sich brachte, zulasse, um mich als Mensch weiterzuentwickeln. Als ich nämlich das Buch „*Wo kein Opfer ist, ist auch kein Leiden*" ("*Possessed by Ghosts*" – Wanda Pratnicka) las, wusste ich, dass ich nicht länger ein Opfer sein will. Alle diese Ereignisse haben mich in meinem Beschluss bestärkt, dass ich keine Schmerzen mehr in meinem Leben haben möchte.

Im Grunde war jeder einzelne Augenblick und jede Situation in meinem Leben solch ein Ereignis. Meine Krankheit, die in den 1990-er Jahren begann, hatte mich mutlos gemacht, aber nicht hoffnungslos. Mit der Hoffnung kam der Glaube dazu, dass ich einen Unterschied machen kann und durch den Glauben kamen die Veränderungen. Warum und wie nun ganz genau alles an seinen Platz in meinem Leben gekommen ist, kann ich nicht ganz genau erklären.

Alles, was ich mir jemals gewünscht habe, habe ich bekommen. Es ist unglaublich, aber wahr. Ich bin der glücklichste Mann der Welt! Ich kann heute herumgehen und Menschen treffen ohne ängstlich zu werden oder starke Schmerzen zu fühlen. Etwas, das vor vielen Jahren einfach undenkbar war. Ich habe zurück in meine Seele gefunden, daran ist nicht zu rütteln und dorthin kann ich mich immer wieder zurückziehen, wenn ich mir Frieden wünsche oder Liebe empfangen möchte.

Ich bin dabei die Reste des destruktiven Wesens loszulassen, das immer ein Teil von mir gewesen ist. Ich bin dabei die Reste des

Schmerzes loszulassen, den ich mein ganzes Leben lang aufgebaut habe. Ich gehe eine Zukunft mit innerer Ruhe, Balance und Liebe entgegen, die mir die Möglichkeit gibt andere Menschen auf dem gleichen Weg zu begleiten wie meiner. Das alles wurde mir gegeben, weil ich daran GLAUBTE, dass es möglich war.

• • •

„Das Reich Gottes ist inwendig in Euch und überall um Dich herum; Nicht in Gebäuden (= Kirchen) aus Holz und Stein. Spalte ein Stück Holz und ich bin da, hebe einen Stein auf und Du wirst mich finden." – Jesus im Thomasevangelium.
Es ist gerade erst einen Monat her, dass ich mit diesem Buch angefangen habe und wo ich von viel Schmerz vom Anfang des Buches hin zu weniger Schmerz gegangen bin. Ich erreiche kein höheres Bewusstseinsstadium, wenn ich meine Seele nicht wiedererkenne, und genau dieses ist mir widerfahren.

Ich habe meine Seele lange gekannt und war oft in nahem Kontakt mit ihr, besonders, wenn ich meine Augen schloss und mich schlafen legte. Hier wurde ich empfangen in einem offenbar unendlichen Raum (eine überall nahe seiende Energie) und dieser Raum, so habe ich für mich entdeckt, ist das Leben selbst.

Ich habe oft versucht, das Erleben des seligen Raumes im Alltag festzuhalten, es ist allerdings schwer, da dort so viele Sachen sind, die dieses stören und mich dadurch aus dieser inneren Ruhe herausgezogen haben. Mit der Zeit ist es mir jedoch gelungen dieses Erlebnis des seligen Raumes festzuhalten, auch wenn ich wach bin, und was ich dort antreffe ist Folgendes:

In diesem Erleben von mir selbst habe ich keine Angst. Ich fühle keine Unruhe. Ich erlebe einen tiefen Frieden, der sich nicht nur unberührbar anfühlt, sondern auch unendlich. Ich werde berauscht durchströmt, was einem Zustand unter Alkohol oder Hasch ähnelt, aber das Bewusstsein nicht verschleiert. Ich werde klar im Kopf, auch wenn ich noch immer meinen Schmerz in mir merke, gleichzeitig sehe ich jedoch, wie sich der Schmerz mit großen Schritten auflöst.

Ich wusste schon lange, dass die Seele überall ist, dass sie nach innen und außen schaut. Genau vor meinen Augen erkenne ich mein Bewusstsein, meine Seele, und genau da finde ich Frieden. Ganz gleich, ob meine Augen geschlossen oder geöffnet sind, denn wenn ich vorausschaue, ist es meine Seele, die ich vor mir erlebe:

„Erkenne, was vor deinem Angesicht ist, das, was dir verborgen ist. Es wird sich dir offenbaren, denn es gibt nichts Verborgenes, das nicht geoffenbart wird." – Jesus im Thomasevangelium.

Ich habe versucht andere hinzuleiten zu dem, was ich schon lange in mir erkannt habe (und außerhalb von mir). Es ist, als ob niemand wirklich zuhört was ich sage oder als ob sie es nicht verstehen können.
Es ist keine kleine Sache über das ich hier berichte. Die Menschen haben dieses Geheimnis in Jahrtausenden gesucht, auch wenn nur einzelne es gefunden haben. Es ist „Der heilige Gral", „Gottes Reich", „Nirvana", „Das Göttliche" – wählen Sie selbst einen Namen dafür! – nach dem die meisten Menschen gehungert und überall gesucht haben.

Buddha fand das Geheimnis. Jesus tat es auch. Viele andere haben im Laufe der Geschichte dieses „innere Wunder" erreicht, und heute ist es vielleicht Eckhart Tolle, den die meisten kennen, der das „Reich" in sich gefunden hat.

Es ist kein Ding oder ein bestimmter Gegenstand, den man in der sichtbaren Welt findet, wo „Motten verschlingen und Würmer wuchern". Alle die Menschen, die materielle Reichtümer in dieser Welt angesammelt haben, sind an dem einen und richtigen Reichtum vorbeigegangen, der nicht äußerlich existiert, aber stattdessen in ihnen selbst. Vielleicht liegt es daran, dass die Seele nicht sichtbar ist für das bloße Auge, das sieht? Auf jeden Fall haben die meisten vergessen, dass „Man leer auf die Welt kommt und leer wieder von ihr geht." – Jesus im Thomasevangelium.

Die Seele ist ein Meer von Energie

Meine Seele ist wie schon früher erwähnt in der letzten Instanz das Gleiche wie Ihre Seele, deshalb ist unsere Seele auch das Gleiche wie die Seele der anderen Menschen. Diese eine und unendliche Seele ist das Leben selbst. Deshalb nennt Jesus „Ihn" das, das „vor deinem Gesicht" ist, und deshalb nennt Jesus „Ihn" auch „meinen Vater".

Die Lebens-Seele IST wie ein unsichtbares und immer nahe seiendes Meer von Energie, und diese Energie gibt uns allen Leben! Versuchen Sie es selbst zu bemerken. Wir können nicht sagen: „Hier" bin ich oder „da" bin ich, weil der du BIST, ist nicht etwas Konkretes als solches. Man kann nicht sagen: „Schau hier! Oder Schau dort! Da das souveräne Bewusstsein über die ganze Welt verteilt ist und die Menschen sehen es nicht." - Man wird auch nicht sagen: „Siehe, hier oder dort, denn siehe, das Reich Gottes ist mitten unter euch, die Menschen sehen es nur nicht." – Jesus im Thomasevangelium.

Mein Bewusstsein (Seele) existiert, wie die Seele des Lebens überall und deshalb werde ich auch schnell erkennen, wo immer ich auch meinen Fokus hinrichte, dass ich einen Teil von mir treffen werde: Spaltet ein Holz (-Stück), ich bin da. Hebt den Stein auf und ihr werdet mich dort finden." -Jesus im Thomasevangelium.

Ich werde auch schnell erkennen, dass egal welches Ereignis stattfindet, in mir oder draußen in der Welt, stehe ich immer ohne Beeinflussung da als der, der ich BIN. Ich (die Seele) kann mit anderen Worten niemals sterben oder kaputtgehen. Das einfache Erkennen meiner Seele ist genug, um alle Furcht und Schmerzen aus meinem Leben zu entfernen. Meine Seele überlebt all die Zeit in seiner eigenen Herrlichkeit und das einzige, was das Leben schmerzvoll macht IST, wenn ich selbst vergesse mich genau daran zu erinnern.

...

Mein Tag verging mit Hausaufgaben, einer Stadt-Tour und etwas Zeit zusammen mit meiner Partnerin. Vor ein paar Tagen, als ich im Bett lag, bat ich darum, dass ich meiner Partnerin helfen könnte mit den Sachen fertigzuwerden, mit denen sie sich so rumschlägt. Es war ungefähr ein Jahr her. Was mir erzählt wurde, war: „Hilf dir selbst"!

Wie soll ich meiner Partnerin helfen, wenn ich mich nicht einmal selbst von den Schmerzen befreien kann? Die Worte gaben mir zu verstehen, wie wichtig es ist, sich selbst helfen zu können. Wie soll ich anderen helfen, wenn ich mir selbst nicht helfen kann?

Deshalb habe ich beschlossen, niemandem etwas darüber zu erzählen, was ich in mir entdeckt habe. Ich möchte gerne etwas

Zeit alleine zusammen mit meiner Entdeckung verbringen, bevor ich anderen etwas darüber erzähle. Andererseits wird man es mir ansehen können, dass ich im steigenden Maß mehr Frieden und Sicherheit als Person ausstrahlen werde.
Ich habe früher oftmals erlebt, dass, wenn ich zu früh mit den Sachen herausrücke, die Leute nicht richtig zuhören, was ich erzähle. Vielleicht haben sie gespürt, dass ich das, über was ich rede, nicht einmal selbst praktizieren oder verwirklichen kann. Vielleicht hatten sie recht? Vielleicht ist es dumm, andere in etwas zu unterrichten, das ich selbst erst noch verstehen muss?

Das Bewusstsein IST die Essenz von allem

Mein Bewusstsein IST, wie erwähnt, kein Gegenstand: „Spaltet ein Holz (-Stück), ich bin da. Hebt den Stein auf und ihr werdet mich dort finden." - Jesus im Thomasevangelium.

Was finde ich unter dem Stein und zwischen all dem gespalteten Holz? Ich finde meine ganze Essenz und meine ganze Essenz IST kein Gegenstand, weil man die Seele nicht messen kann und auch nicht wiegen:

- „Bring mir eine Frucht vom Banyanbaum!"
- „Hier ist sie, Herr."
- „Brech sie entzwei!"
- „Sie ist zerbrochen, Herr."
- „Was siehst du ihn ihr?"
- „Einige kleine Kerne, Herr."
- „Breche sie entzwei!"
- „Ich habe sie zerbrochen, Herr."
- „Was siehst du in ihnen?"
- „Nichts, Herr."

„Mein Sohn", sagte der Vater zu ihm, „das, was du nicht siehst, ist die Essenz, und es ist diese Essenz, die den Banyanbaum existieren lässt. Glaub mir, mein Sohn, in dieser Essenz findet man das Ich von allem, was existiert. Es ist die Wahrheit des selbigen Ichs. Und du bist das Ich, Svertaketu."

– Der große Erschaffer (Upanishaden).
Die Hindus wussten es, Jesus wusste es, die Juden wussten es („Sei still und erkenne, dass ich Gott bin" – Salme 46,11.), Buddha wusste es, die Wissenschaft von heute weiß es („Die Essenz von allem ist keine Masse") und ich weiß es, wenn ich

einen jeden Gegenstand in der Welt und in mir selbst benutze um wiederzuerkennen, wer und was ich nicht BIN.

Wenn ich erkenne, dass ich kein Ding BIN, sondern der oder das, das alle Dinge umgibt, dann erkenne ich, dass ich nicht das bin was ich sehe, sondern derjenige, der sieht.

• • •

In den letzten paar Tagen habe ich einen zunehmenden inneren Frieden erlebt. Auf dem Weg nachhause aus der Stadt habe ich meine Sorgen, meinen Schmerz und mein schweres Gemüt losgelassen und bin in einen Zustand von Frieden, Einheit und Balance gegangen. Dies geschah, weil ich diese Zustände verließ, um an einem „anderen Ort" zu sein und dieser „andere Ort" war zusammen mit meinem bewussten Selbst.

Ich erlebe diese Ruhe jetzt, denn sie ist überall. Es ist in mir und außerhalb von mir. Ich habe nicht diese Ruhe in mir gefunden, weil ich alles in mir überwunden habe, das wehtut, aber weil ich das verlassen habe um da zu sein, wo mein Bewusstsein IST, und das IST „Im Reich der Seele".

Eine Person, die das Spirituelle jahrelang gesucht hat, erzählt: „Von einem Tag auf den anderen endete das Ganze. Ich wachte auf und hatte keine Lust mehr zu meditieren. Um ehrlich zu sein, fühlte ich mich etwas verloren, als ob nichts geschehen ist in den letzten 10 Jahren. Ich sah mich selbst im Spiegel an und dieser ganz normale Typ schaute zurück zu mir. Eine Sekunde lang war ich fast ängstlich und merkte eine Welle des Unbehagens. Ich legte mich aufs Bett und dann konnte ich merken, wie es mich durchspülte, wie eine warme Flüssigkeit innendrin. Was ist „das"? Das Leben selbst, wie ein Fluss ergriff es mich und führte mich mit. Seitdem bin ich dem Fluss gefolgt und die Dinge laufen von selbst. Von dem Augenblick an funktionierte alles."

– Das Buch der Geheimnisse von Deepak Chopra.
Das Paradoxe für mich selbst ist, dass das, was ich gesucht habe (der erleuchtete Zustand), nicht gekommen ist, weil ich mich angestrengt habe, aber mehr, weil ich mich nicht mehr angestrengt habe. Dann ist es, als ob eine Welle des Friedens mich durchströmt und ich empfinde, dass das Leben harmonisch, friedlich und ganz ist. Selbst der Schmerz ordnet sich den universellen Gesetzen unter, die alle die gleiche Sprache sprechen von Einheit. Ich brauche nichts mehr länger zu machen. Das Leben macht es für mich.

Dieses Erlebnis in mir ist noch nicht allzu dominierend bis jetzt, aber es wächst von Tag zu Tag und es ist wundervoll Zeuge dessen zu werden.

...

Es sind ein paar Wochen vergangen, seit ich das letzte Mal an dem Buch geschrieben habe. Ich hatte Stress, da ich für meine Italienischprüfung lernen musste und mit dem Leben ganz allgemein. Ich hatte meinen Fokus also an anderen Stellen.

Von Mal zu Mal bin ich überrascht davon, wie sehr mein innerer Seelenzustand sich in meiner äußeren Umgebung spiegelt. Es kann ziemlich schockierend sein zu erkennen, dass die ganze Verantwortung in Bezug auf mein Verhältnis zu meinen Mitmenschen eigentlich grundsätzlich von meiner eigenen Balance abhängt.

Aber es ist auch faszinierend und motivierend für mich zu wissen, dass ich, wenn ich mit mir selbst arbeite, Frieden erschaffen kann - nicht nur in meinem eigenen Inneren, sondern auch in meiner äußeren Welt. Ich bemerke eine zunehmende innere Ruhe in meinem Leben und eine zunehmende Tiefe in mir; und der emotionale Schmerz, der mich vorher recht stark dominierte, kann nicht mehr recht lange in mir überleben.

Es ist, als ob mein Schmerz, wenn er entsteht, verbrannt wird von einem inneren Feuer oder einer inneren Geistesgegenwart und als ob diese Geistesgegenwart immer mehr wächst. Ich würde mir für andere Menschen wünschen, dass sie die gleiche Transformation in ihrem Inneren erleben könnten. Es ist so eine schöne Verwandlung, die ich durchlebe. Alles in meinem Leben, das vorher chaotisch, schmerzvoll und Angst prophezeiend war, wird zu einer stillen Harmonie mit einem tiefen und liebevollen inneren Frieden, der niemals aufzuhören scheint.

Existiert „der andere" überhaupt?

Wie ich in der Einleitung dieses Buches erzählte, ist es mein persönliches Ziel mir selbst zu helfen, weil ich auch wünsche anderen zu helfen. Ich weiß in diesem Zusammenhang nicht, wo die Trennung zwischen dem „mir" und den „anderen" liegt. Es ist, als ob es überhaupt keinen tieferen Unterschied zwischen mir und den anderen Menschen gibt. Alles, was ich in mir wiedererkenne, kann ich deshalb auch bei anderen wiedererkennen.

Ich weiß nicht, ob ich es vorher schon erwähnt habe, aber wenn ich einen anderen Menschen sehe, dann fühle ich instinktiv, dass ich mich selbst treffe, nur in einer anderen Ausgabe. Der andere Mensch, den ich treffe, lebt ein Leben, das unterschiedlich von meinem ist und wir haben beide unsere Lebensgeschichte. Trotzdem erkenne ich etwas Tieferes und Größeres hinter unseren beiden Lebensgeschichten. Ich erkenne nämlich das gleiche Bewusstsein in „den Augen des anderen", die auch in mir selbst wohnt.

War da jemals ein Unterschied zwischen mir und „den anderen", oder war das alles wie ein Traum, etwas das ich mir selbst eingebildet habe?

„Wer sonst noch von meinem Mund trinkt, soll so werden wie ich. Ich selbst soll so werden wie er …" – Jesus im Thomasevangelium.

Ich denke, also BIN ich nicht

Ich kehre deshalb immer wieder zurück zu meinem Bewusstsein, denn ohne dieses: Was oder wer wäre ich dann? Das Leben existiert selbstverständlich überall, aber das Leben hat nur Relevanz für mich, wenn ich es erkenne!

Menschen sowie „tote" Dinge (z.B. Steine) existieren, aber der Unterschied zwischen Menschen und toten Dingen ist, dass der Mensch bewusst über sich selbst ist und die toten Dinge sind es nicht. Ein Computer weiß zum Beispiel nicht, dass er denkt, tut es aber dennoch. Der Computer arbeitet mit den Zahlen 0 und 1 und kann ganz komplexe Rechnungen ausführen. Der Mensch und der Computer denken also, aber nur der Mensch ist bewusst über sich selbst und seine Gedanken.

Armer Descartes

Der berühmte Satz des französischen Philosoph René Descartes lautet: „Ich denke, also bin ich." (Cogito ergo sum). Descartes vergaß in diesem Zusammenhang jedoch sich selbst eine Frage zu stellen: Woher er weiß, dass er denkt? Denn wenn er denkt, wie er selbst konkludiert, ohne es zu wissen (d.h. ohne sein Bewusstsein darüber), hatte er sich ja selbst zu einer Maschine reduziert. Ein denkender Roboter.
Viele Leute, mit denen ich heute rede, leiden an der Zwangsvorstellung, dass sie ihre Gedanken sind. Sie identifizieren sich mit ihrem Sinn, so dass sie glauben, dass sie das sind, was sie denken. Wenn ich sie ärgern will und sie zum

Beispiel frage: „Welcher von deinen Gedanken bist denn du?", dann schauen sie mich nur unverständlich an.

Es schreit zum Himmel, wenn jemand dem Irrglauben erliegt, sich selbst auf eine Reihenfolge von Gedanken zu reduzieren. Es zeigt mir, welcher Wahnsinn in dieser Welt herrscht. Wenn Sie dies lesen und selbst meinen zu wissen, dass Sie Ihre Gedanken sind, dann versuchen Sie bitte nur auf eine dieser Fragen richtig zu antworten:
Wenn Sie ihre Gedanken sind, was ist es dann in Ihnen das fühlt?
Welcher von Ihren Gedanken erkennt die anderen?
Wie sind Sie in Ihrem Körper gelandet?
Wer sind Sie, wenn Sie nicht denken?

„Sei still und wisse, ich bin Gott!"

Okay, ich kann nichts gegen Unwissenheit machen, weil ich nicht daran glaube gegen etwas kämpfen zu müssen. Unwissenheit in der Welt - und in mir selbst - ist eine Tatsache. Wenn ich mich von meiner Unwissenheit zu einem Wissen erheben kann - also von unbewusst zu bewusst - dann brauche ich überhaupt nicht zu kämpfen. Dann habe ich mich von dem was ich „verabscheue" entfernt.

Mit dem Nicht-Kämpfen habe ich mich an einen anderen Ort bewegt - einen Ort, wo kein Kampf ist, sondern stattdessen Frieden.

Ich denke übrigens nicht, dass es mir möglich ist klar zu sehen, solange ich gegen etwas kämpfe. Aus der einfachen Tatsache heraus, dass ich, solange ich kämpfe, meinen Fokus auf dem Kampf habe. Wenn ich aus dem Kampf heraustrete, entsteht das klare Sehen und dann bin ich frei. Was habe ich jemals Gutes aus dem Kämpfen gewonnen? Es hört sich toll an, wenn ich sage, dass ich für das kämpfe, an das ich glaube! Aber warum nicht an etwas glauben und das Kämpfen auslassen?

Sei dein eigener Lehrmeister!

In der letzten Zeit war ich sehr damit beschäftigt meinen eigenen Weg zu finden. Irgendwo las ich die Worte von Anthony de Mello: „Es gibt niemanden, der uns zeigen kann, wie wir leben sollen, weil es nur eine neue Technik, eine neue Programmierung wäre. Aber wir können uns selbst beobachten und auf diese Weise holen wir uns heraus aus der Illusion Gefängnis und sehen die Welt, wie sie ist." – ‚Bewusstsein, Bewusstsein, Bewusstsein' von Anthony de Mello.

Ich finde, dass diese Lehre sehr faszinierend und frei ist. Natürlich beinhaltet eine jede Lehre eine Form von Doktrin, und das beinhalten Anthony de Mellos Worte auch. Aber selbst das, worauf er mit seinen Worten hinweist, enthält für mich eine große Freiheit und diese Freiheit ist, dass ich nicht das machen soll, von dem andere meinen, dass es gut für mich ist. Ich soll meinen eigenen Weg finden. Mein eigener Leiter und Lehrmeister sein. Welcher Lehrmeister sollte ich denn auch sonst sein?

In den Mellos Worten erkenne ich auch eine andere Pointe, was für eine Person wie mich wichtig ist mich daran zu erinnern. Seine Lehre erzählt mir, dass ich real keinen anderen Menschen darin unterrichten kann, wie er sein Leben leben soll.

Meine ganze Lebensgeschichte kann man eigentlich darauf reduzieren: Das, was ich meinte, sollte gut für andere sein. In Wirklichkeit war ich nur damit beschäftigt herauszufinden, was für mich selbst gut war. Aber so habe ich nicht gelebt. Ich lebte als ein Mensch, der die ganze Zeit andere überzeugen musste, dass was im Grunde meine eigene Wahrheit war.

Wie aufreibend! Warum habe ich mich stattdessen nicht selbst von der Wahrheit überzeugt? Die ganze harte Arbeit - und dann nützt es der Welt nichts! Vor lauter Kampf, andere davon zu überzeugen, habe ich mein eigenes Motto überhört. Es ist fast tragisch und wie gesagt: der Preis dafür war hoch. Ich habe mich alleine gefühlt, missverstanden und deplatziert in der Welt. Und das alles nur, weil ich meine Energie dafür gebraucht habe, andere von dem zu überzeugen, was ich selbst für richtig hielt im Leben und dadurch total vergaß zuzuhören, was ich selbst sagte.

An sich zu glauben als sein eigener Lehrmeister ist eine große Vertrauenserklärung an sich selbst. Aber eine genauso große Vertrauenserklärung ist es ebenfalls für die anderen Menschen anzuerkennen, dass sie selbstverständlich auch ihr eigener Lehrmeister sind.

Wer sind wir eigentlich, dass wir anderen etwas erzählen können? Wenn ich an mich selbst glaube, zeige ich, dass ich mir vertraue. Wenn ich an andere Leute glaube, zeige ich, dass ich ihnen vertraue. Das heißt dem Leben zu vertrauen im Allgemein, und ich bin mir sicher, dass, wenn ich dies tue, wird das Leben es mir auch zurückzahlen.

...

Ich bin wieder im Kontakt mit meinem inneren Schmerz, der wirklich enorm ist. Wenn ich ihn loslasse und mich gleiten lasse in diese Energie, die mich auffüllt, bekomme ich Zugang zu meinem Schmerzwesen. Dieses Wesen ist wie ein inneres dunkles Chaos, das seinen Ausgangspunkt in meinem Solarplexus hat und sich von dort erstreckt bis zu meinem Kronen-Chakra (Kopfhaut). Es fühlt sich so an, als ob die Energie, die meinen Schmerz ausmacht, tausend Mal stärker ist als ich selbst - und doch weiß ich, dass mein Schmerz mich nicht bezwingen kann.

Die Welt enthält eine destruktive Energie

„Es gibt einen Weg wo die Leiden aufhören. Betrete ihn!" – Buddha in Weltreligionen.

In der Welt gibt es eine destruktive Energie, die versucht alles auf ihrem Weg zu vernichten und oft gelingt es ihr auch. Viele Beziehungen sind dadurch kaputtgegangen, weil die Menschen oft wollen, das es misslingt anstatt, das es gelingt.
Es ist paradox: Warum wünsche ich mir, dass es nicht gelingt, wenn es doch stattdessen gelingen kann?
Es ist, als ob ich glaube, dass ich eigentlich im Grunde wertlos bin und im Leben versucht mit allen Mitteln genau dieses zu bestätigen. Warum versuche ich nicht an das Gegenteil zu glauben? Dass ich ein guter Mensch und unendlich viel wert bin zum Beispiel?

Ich denke, es liegt daran, dass ich (und die Menschheit durch Jahrtausende hindurch) den Schmerz akkumuliert habe in einem hohen Grad und der Schmerz dadurch ein dominierender Faktor in meinem Leben (und dem der Menschheit im Allgemeinen) geworden ist. Wenn ich den großen Schmerz innerlich erlebe, ist es schwer zu glauben, dass eigentlich nichts verkehrt mit mir ist.

Aber die Wahrheit ist ja, dass nicht ich es bin, mit dem etwas nicht stimmt, sondern dass ich bloß den Schmerz „beinhalte", der wehtut. **Es kann schwer sein zu erkennen, dass ich dadurch nicht wertlos bin!** Ich muss mich daran erinnern, dass auch, wenn ein Schmerz in mir lebt, dieser nicht das ist, wer ich in Wirklichkeit BIN.

Ich erlebe im Zusammenhang mit meinen Schmerzen oft, dass sie dann entstehen, wenn ich mich von mir selbst entferne oder mich gegen den wehre, der ich BIN. Zum Schluss BIN ich nichts anderes als Leben, und wie das Leben um mich herum bin auch ich in konstanter Entwicklung. Nichts in mir steht still. Wenn ich mich meiner natürlichen Natur widersetze, die immer in Bewegung ist, erschaffe ich Schmerz.

Es passiert zum Beispiel, wenn ich versuche, an etwas in meinem Leben festzuhalten, das längst vorbei ist oder wenn ich in meinen Träumen und Hoffnungen für die Zukunft lebe. Das Leben IST hier und jetzt. Das Leben IST keine Erinnerung an die Vergangenheit und kein Traum für die Zukunft. Das Leben ist in konstanter Bewegung und diese Bewegung passiert immer JETZT. Ich muss darum daran denken, bewusst gegenüber jeder Veränderung zu sein und mich dieser niemals zu widersetzen.

Natürlich widersetze ich mich den Veränderungen des Lebens, auch wenn ich es nicht „soll", doch solange ich mir dessen bewusst bin, entsteht kein Schaden.
Und wenn ich mir dessen nicht bewusst bin, was natürlich auch geschieht, dann ist es eben wie es ist.
Unbewusst zu sein ist auch ein Teil des Menschseins, und darüber brauche ich nicht zu verzweifeln, weil in letzter Instanz alle Wesen im Universum zu ihrem freien Selbst erwachen.

Die Wissenschaft ist besessen von Gegenständen

Eine Ideologie wie die der Wissenschaft schießt am Ziel vorbei, wenn sie alle Untersuchungen von Objekten zum entscheidenden Faktor macht, um die eigentliche Wahrheit hinter allem zu verstehen.

Die Wissenschaft vergisst somit die Grundlage für sich selbst, da die Wahrheit hinter allem nicht die Objekte sind, sondern das, was den Objekten Leben gibt.

Wer außer mir ist dieses Leben? Ohne „mich"- würde da die Existenz der Objekte überhaupt Relevanz haben? Mit diesem Gedanken im Hinterkopf ist es deshalb wichtig, dass ich (und die Wissenschaft) daran denken und anerkennen: **Ohne Subjekt, ohne mich, ist die Rede über Objekte gar nicht erst möglich!**

Kenn dich selbst, bevor du alles andere kennst!

Wenn ich meine Reflexionen zu meinem spirituellen Verstehen überführen soll und mein Verstehen insgesamt, dann ist meine Konklusion folgende: Ich muss erst verstehen, wer ich BIN, bevor ich die Bedeutung von was auch immer anderem verstehen kann.

Wenn ich diese Tatsache verstanden und akzeptiert habe, brauche ich nichts Bestimmtes zu machen. Nichts Bestimmtes sagen oder Bestimmtes zu fühlen, um jemand zu sein, da ich bereits jemand BIN. Bevor ich das eine mache, das andere sage und das Dritte fühle.

So komme ich frei von der Bewegung der Dinge. Ich verstehe, dass ich es nicht bin, sondern dass es „nur" etwas ist, das in mir passiert. Ich lerne, dass alle Dinge in mir entstehen und verschwinden und dass es immer so war und immer so sein wird - ob ich das akzeptieren will oder nicht.

Und deshalb weiß ich auch: **Ein jeder Gegenstand und ein jedes Ereignis hat nur Relevanz und Kraft durch mich, weil ich da bin!**

Tod gibt es nicht

Wenn zum Beispiel mein Körper stirbt, sterbe ich nicht, sondern lebe stattdessen weiter, da mein Körper ein Gegenstand ist - und das bin ich nicht. Ich bin dagegen der oder das, worin sich der Gegenstand zeigt.

Mein „Tod" existiert deshalb nicht für mich. Das Einzige, was mein „Tod" bewirkt ist, dass ich von der Verankerung in meinem Körper zu einer Nicht-Verankerung in meinem Körper gehe. Mein Selbst ist immer noch da, unverändert und rein. Wie mein Selbst auch da war, bevor es beschloss meinen Körper zu bewohnen.

Ich BIN bereits in meiner Essenz kein Körper und deshalb bedeutet es nichts für meine Existenz, ob mein Körper „lebendig" oder „tot" ist. Ich war hier, bevor mein Körper es war und bin es auch danach.

Ich bin mit anderen Worten das eine Leben, das eine Bewusstsein, das ALLES bezeugt, deshalb bin ich auch Zeuge dessen, dass mein Körper an einem Zeitpunkt vergeht. Und dann werde ich auch dies wissen: **dass es nicht der Körper war, der mir Leben gegeben hat. Ich war es, der dies dem Körper gab.**

Ich BIN nicht, was ich wiedererkenne

Ich habe mich lange mit meinen Gedanken, Gefühlen, Meinungen, Haltungen und Dingen identifiziert, die ich kaufen und besitzen kann, und deshalb habe ich oft eine wichtige Tatsache übersehen in meinem Leben: Alles das, wie ich auch oft früher erwähnt habe, BIN nicht ich. Wenn ich Schmerzen gefühlt habe oder unangenehme Gedanken hatte und nicht darüber hinwegsehen konnte, weil sie überall waren, waren diese Dinge alles, was für mich wirklich war.

Es ist wie gesagt nicht lustig, voller Schmerzen und unangenehmer Gedanken zu sein. Trotzdem und in all der Zeit lag der Weg aus Schmerzen direkt vor mir. Sobald ich darauf aufmerksam geworden bin, dass ich viel mehr BIN als schmerzvolle Gedanken und unangenehme Gefühle, habe ich mich befreit.

Der Platz in mir ist unendlich

Die Wahrheit ist ja, dass unendlich viel Platz in mir ist. Eine Sache ist mir klargeworden, wenn der Schmerz in mir nicht mehr auszuhalten war und nicht mehr ertragen werden konnte: es ging doch irgendwie! Auch wenn ich fühlte, dass ich nicht noch mehr Schmerz in mir haben konnte, so war es doch genau das, was ich tat! Wenn ich mir laut gesagt habe:»Ich kann nicht mehr!«, so konnte ich mir selbst ein anderes Geheimnis erzählen: Nein, aber du schaffst das doch trotzdem!

In diesem Augenblick ist mir wieder folgendes klargeworden: Schmerz erlebe ich nur, wenn ich all den Platz vergesse, der in

mir ist! Wenn ich mich in der Situation verliere und keinen Ausweg sehen kann, dann entsteht der Schmerz. Und dieser setzt sich bis zu diesem Punkt fort, wo ich mich selbst wiedererkenne: Ich bin nicht der Schmerz, ich erlebe ihn. Ich BIN kein Gegenstand (Gedanken und Gefühle), die in mir existieren, sondern der Raum, in dem sich die Gegenstände abspielen. Und dieser Raum hat keine Grenzen und deshalb BIN-ich auch grenzenlos.
Versuchen Sie selbst darauf zu achten! Vielleicht werden Sie sich erschrecken beim ersten Mal. Überall, wo Sie die Wirklichkeit wiedererkennen, existieren Sie: „Wer sucht, höre nicht auf zu suchen, bis er findet. Wenn er findet, wird er erschüttert werden. Ist er erschüttert, wird er staunen. Und dann wird er über das All herrschen." – Jesus im Thomasevangelium.

Mein Wunsch für mich selbst ist, dass dieses Verständnis in mir wachsen soll, denn wie kann das Leben leicht sein, wenn es mir gelingt dieses wiederzuerkennen, dass ich faktisch ein grenzenloser Raum BIN (ein grenzenloses Bewusstsein / Seele) und dass kein Gegenstand in der Welt und kein Gedanke oder Gefühl mich auf diesem unendlichen Feld bezwingen kann, welches das Bewusstsein ausmacht, das ich BIN. Aber wie schnell vergisst man das auch wieder!

Ich vergesse mich selbst in Gegenständen

Durch meine Erziehung und mein gesellschaftliches Umfeld habe ich mich mit meinen Gedanken, Gefühlen und Gegenständen in der Welt identifiziert. Ich habe die Tendenz von meinen Eltern und meinen Vorfahren geerbt, die mich lehrten, wie sie selbst es taten. Es dauert seine Zeit, diese

Bedingung meiner Eltern und Vorfahren zu sprengen, und hier ist mein Schmerz zentral für mich. Jedes Mal, wenn ich mich selbst in diese Bedingung verliere, kommt der Schmerz aus seinem Versteck und flüstert mir zu: „Kaspar, wach auf! Erkenne, wie groß du in Wirklichkeit BIST!"

•••

Ich habe gerade mit meinem Freund Claus telefoniert. Claus hat oft wie ein Medium oder Hellseher für mich fungiert, und dies ohne, wie ich glaube, dass er sich dessen selbst bewusst ist. Claus hat mir oft Sachen erzählt, die in meinem Leben ausschlaggebend waren. Wenn er mit mir redet, weiß er allerdings die Sachen, die geschehen sind, die mich beschäftigen und wie meine Persönlichkeitsstruktur zusammengesetzt ist, ohne dass ich es ihm vorher gegenüber erwähnt habe. Er sagte heute u.a.:

„Kaspar, hör auf in deinen Büchern über Spiritualität zu lesen. Je mehr du liest, desto verrückter wirst du. Die Leute wollen nicht all die Sachen hören, die du weißt. Sie wollen sich nur amüsieren. Das Leben soll nicht so ernst genommen werden, das ist der Witz daran. Wenn du mit deiner Partnerin über die Dinge redest, die du weißt, versteht sie nicht mal die Hälfte davon und sie mag auch nichts davon hören. Du weißt viel, aber die Leute verstehen es nicht. Das Leben ist keine Konkurrenz mit anderen, wo es darum geht: *Wer weiß am meisten?* Hör auf damit! Bekomm nun ein Kind mit deiner Freundin! Fang an! Das wird dir große Freude in dein Leben bringen und du wirst viel daraus lernen, Vater zu sein."

Claus macht Eindruck auf mich

Es macht immer Eindruck auf mich, wenn Claus mir Ratschläge auf diese Weise gibt. Mir kommt es so vor, als ob er durch höheres Wissen spricht oder aus einer tiefen Intuition. Ich glaube, dass ich von dem, was Claus mir erzählt hat, etwas für mich zurückbehalten werde mit den Einsichten, die ich bekomme habe.

Jedes Mal, wenn ich mit Leuten über meine Auffassung vom Leben rede, verliere ich deren Interesse. Sie mögen es nicht hören, und ja, vielleicht verstehen sie doch nicht die Hälfte von dem was ich sage.

Ich glaube, dass, wenn ich ihren Widerstand gegenüber dem, was ich sage, registriere, ist es das Leben selbst das mir sagt, dass ich es sein lassen soll. Wenn ich anderen erzähle oder besser gesagt predige, was richtig oder falsch ist, bemerke ich einen großen Widerstand in mir, ignoriere diesen jedoch und rede trotzdem weiter. Diese Tendenz, gegen mich selbst anzukämpfen, ist ganz sicher eine zwanghafte Prägung bei mir. Ja, ja, die geistige Reise hat viele gewundene Pfade und ich habe ganz sicher noch viel zu lernen. Ich habe auch schon viel gelernt und bin dafür sehr dankbar. Das, was ich nicht erreichen möchte in diesem Lernprozess, ist mich selbst zu verlieren, der „Kaspar", der ja auf eine Art und Weise eine „herrliche Größe" in sich ist, der viel kann und gerne viel will.

Pause von all der Geistlichkeit

Geistlichkeit ist wichtig für mich - aber nicht um jeden Preis. Ich bin nicht auf die Welt gekommen, um meine menschliche Seite zu bestreiten, sondern eben gerade um diese zu erkennen und auszuleben. Dieses, so denke ich, will ich gerne tun. Ich liebe das Leben und alles, was es beinhaltet. Ich muss mich selbst daran erinnern, was meine Heilerin Maiyanne zu mir gesagt hat: „Mache jeden Tag fünf Dinge, die du magst." Und es ist kein Scherz, dass sie gerade das zu mir sagte.

Nun werde ich in die Stadt gehen, das mag ich gerne. Ich kaufe Obst und Gemüse für meine Partnerin und mich und dann werde ich Würstchen im Schlafrock, bei uns „Pølsehorn" genannt, backen, wenn ich nach Hause komme, die wir dann zum Abendbrot essen werden. So banal und schön kann das Leben auch sein.

...

Die Dinge hören sich immer schön und geordnet an, wenn sie als Worte niedergeschrieben sind wie in diesem Buch. Man könnte denken, dass selbst wenn das Leben schwer ist und wehtun kann, hat man trotzdem alles unter Kontrolle.

Aber so einfach ist das Leben nicht. Es ist chaotisch. Das Leben besteht aus einer Masse von Gedanken und Gefühlen, die immer wieder kommen und gehen und zusätzlich soll ich mich meiner Umwelt gegenüber adäquat verhalten, die auch nicht immer leicht zu verstehen ist. Hier kommt ein Geheimnis: Ich soll nichts machen, um es besser zu haben! Nichts! Und hier kommt noch ein Geheimnis: Ich bin bereits dort, wo ich sein soll! Okay! Also meine geistige Lehre kann „heruntergekocht" werden zu dem hier:

Ich soll nichts machen, um es besser zu haben. Ich bin bereits dort, wo ich sein soll.

So einfach ist es. Mein Verstand kann das nicht begreifen: ich soll nichts machen, da ich dort bereits bin, wo ich sein soll! Mein Verstand will gerne in verschiedenen Rubriken denken. Er möchte alles gerne in Strukturen sortieren und in verschiedene Kästchen einordnen. Die Wirklichkeit wird auf diese Weise überschaulich gemacht, aber der Verstand trickst sich selbst aus, denn wie will er etwas strukturieren und einordnen, das in konstanter Bewegung ist?

Wenn der Verstand sich stattdessen hingibt und loslässt, entsteht plötzlich etwas anderes. Der Kampf für das Einordnen und Verstehen von allem hört auf. Eine Masse an Energie wird freigegeben und die Wirklichkeit tritt hervor, nicht wie der Verstand sie gerne einordnen will, sondern wie die Wirklichkeit IST.

Ich hoffe, dass ich das verstehe oder ein Gefühl dafür bekomme. Dies ist der Schlüssel zum „Tor des Himmelreiches". Das ist die Essenz in allen spirituellen Lehren, wie ich sie verstehe. So einfach und gleichzeitig unfassbar: Ich soll nichts machen, weil ich bereits da bin, wo ich sein soll!

Ahhhh!!!

•••

Ich habe gerade ein paar Tage gehabt mit wirklich starken Schmerzen. Diese Schmerzen waren wirklich intensiv. Ich glaube, dass dieser Schmerz mit meiner Medikamenten-Reduktion zusammenhängt. Es ist hart zu erkennen, besonders durch das Loch betrachtet, durch das ich meine geistige Befreiung beschreibe, das ich manchmal so leiden muss. Denn: Wo im Schmerz liegt die geistige Befreiung?
Es ist doch möglich, sich mit dem Schmerz zu versöhnen, aber dies gelingt mir erst, wenn ich der Wirklichkeit ins Auge schaue - genauso wie sie IST. Erst wenn ich meinen Schmerz sehe, wie er IST und dessen Dasein akzeptiere, komme ich aus ihm heraus. Solange ich herumgehe und träume von einem Leben frei von Schmerzen, wozu ich ja sehr tendiere, es ist jedoch nicht möglich. Dann ist meine Wirklichkeit „hier" und ich bin „da".

Die ganze Struktur in meinem Leben will etwas anderes, als den Schmerz akzeptieren oder die Wirklichkeit, auf die ich treffe. Meine Wesensstruktur will alles zu etwas anderem machen. So war es für mich, so lange ich mich erinnern kann. Oh weh, das hat mich viel gekostet!

Schon richtig, ich bin in dieses Leben hineingeboren worden, und dazu noch mit einer nicht unbedeutenden Menge an Schmerzen. Der Schmerz war immer da seit ich zurückdenken kann. Das stimmt. Aber ich muss auch ehrlich sein und mir eingestehen, dass ich diesen Schmerz auch genährt habe durch meinen Widerstand gegen alles, was die Wirklichkeit mir geboten hat.

Meine geistige Haltung (Grad des Bewusstseins) wird nicht davon beeinflusst, ob ich Schmerzen fühle oder nicht. Meine geistige Haltung entscheidet sich für mich auf der Ebene, wo ich die Wirklichkeit akzeptiere - nicht wie ich sie wünsche, sondern so wie sie IST. Es ist die Hoffnung für mich selbst, dass ich diese Einsicht in meine Persönlichkeitsstruktur integriere. Diese

Art der geistigen Haltung heißt, **den Schmerz zu umarmen – nicht ihn zu vermeiden**!
Und dann bin ich wieder bei meiner letzten Erkenntnis: Ich muss nichts machen, um mein Leben zu verbessern - ich muss nur die Wirklichkeit treffen, wie sie IST. Aber doch, manchmal ist dies einfacher gesagt als getan!

• • •

Bezüglich meiner geistigen Entwicklung und der Arbeit an diesem Buch habe ich mir so meine Gedanken gemacht. Ich habe oft das Gefühl, dass ich nicht immer ganz ehrlich mir gegenüber bin, wenn ich schreibe. Es ist, als ob ich für eine andere Seite in mir selbst schreibe und dass das, was ich schreibe, mehr zu einer Art „Konstrukt" wird als das, was ich im Sinn habe. Okay, das ist bestimmt auch ein Teil meiner Entwicklung, dieses zu erkennen!

Blicke ich auf meine geistige Entwicklung kann ich oftmals nicht begreifen, dass die Menschen um mich herum die Schönheit häufig nicht wiedererkennen können, die ich in den Schriften wie zum Beispiel dem Thomasevangelium sehe. Es wird behauptet, dass Thomas es nach den Worten von Jesus niedergeschrieben hat.

Aber es spielt de facto keine Rolle für mich, wer das Evangelium niedergeschrieben hat. Es spielt auch keine Rolle für mich, was das Evangelium beinhaltet. Das, was eine Rolle für mich spielt, ist das, auf was die Worte hinweisen: Eine höhere Wahrheit über das Leben, die davon spricht, wer hinter der äußeren Gestalt hier auf der Erde ich in Wirklichkeit BIN.

Oft, wenn ich versuche meine Erkenntnis wie zum Beispiel über das Thomasevangelium zu vermitteln, treffe ich auf Widerstand. Im besten Fall verstehen die Leute nicht worüber ich rede. Im schlimmsten Falle sind sie irritiert oder greifen meinen Standpunkt an, den ich versuche zu vermitteln. Ich denke es ist das Leben, das versucht mir in gewissen Situationen etwas zu erzählen. Als ob es mir sagt: Kaspar, lass es sein! Behalte deine Ansichten für dich selbst! Lehre sie diese Ansichten erst zu praktizieren, bevor du sie weitergibst an andere!

Mein Erwachen

Ich soll also nichts machen, nichts ändern. Ich soll bloß die Wirklichkeit erkennen, wie sie IST. Dann kommt die Veränderung von sich selbst. Es ist also egal, ob ich die bösartigste Person auf der Welt bin, ob ich eine selbstzerstörerische Person bin, ob ich pädophil bin, ein Mörder oder ob ich voller Schmerzen und Hass bin. Ich soll bloß erkennen und verstehen, dass ungeachtet dessen, was in mir ist, so ist es nicht das, was ich tief in mir BIN, sondern bloß das, was ich über mich selbst wiedererkenne.

Das ist das Erwachen für mein eigenes Bewusstsein. Langsam oder schnell - das hängt von mir selbst ab. Ganz langsam - in dem Tempo, das ich will, wächst mein Bewusstsein zu einem Licht, das alles andere überstrahlt, dass das Leben beinhaltet und mir Frieden gibt.

In der Nacht wachte ich auf und erlebte diesen Frieden - es war wie eine immerwährende tiefe Ruhe, in der kein Schmerz existierte. Es war wundervoll dieses zu erleben, aber gleichzeitig auch erschreckend, weil ich sehen konnte, wie viel Platz mein Schmerz in mir im Alltag ausfüllt und dass es eigentlich nicht so sein bräuchte, da es eine andere Wirklichkeit gibt als die, die ich für mich selbst zu diesem Zeitpunkt gewählt habe.

Habe keine Angst, Kaspar! Habe Geduld! Auch du wirst erwachen, wie alles, das existiert dazu bestimmt ist, zu erwachen!

•••

Ich habe angefangen Deepak Chopras Buch „Das ewige Leben" zu lesen, das von den unendlichen Erkenntnis- oder Bewusstseinsebenen handelt, die ein jedes Individuum bestimmt ist zu durchleben. Es ist ein Buch, das meine Wirklichkeit in eine andere Perspektive setzt, weil es mich daran erinnert, dass dieses Leben bloß ein Schritt auf einer unendlichen Reise ist.

Das Buch erzählt mir, dass wir Menschen uns entwickeln hin zu einem größeren Grad an Bewusstsein bis der Augenblick kommt, wo wir uns endlich befreien von allen physischen und psychischen Verbindungen und uns selbst freisetzen in einem absoluten Verstand. Es ist putzig, dass ich mein Buch in dem letzten Abschnitt genauso abgeschlossen habe, und mich selbst aufzumuntern, dass ich, wie alles andere, bestimmt dazu bin zu erwachen.
Wenn ich die Behauptung des Buches in mein eigenes Leben übertragen soll, dann würde ich von den Herausforderungen, die mir gestellt werden Wahlen zu treffen, die von meinen eigenen Bewusstseinsgrad abhängen. Desto höher der Bewusstseinsgrad, umso mehr Freiheit werde ich haben, die Dinge zu wählen, die nicht nur mir gut tun - sondern auch anderen. So werde ich in das unendlich fortsetzen, bis mein Bewusstsein sein ultimatives

Ziel erreicht hat und sich vollkommen befreit von allen Bindungen, physisch wie psychisch.

Neale Donald Walschs Buch „Gespräche mit Gott" stimmt übrigens überein mit der Behauptung, dass das Schicksal meines Lebens ultimativ mir überlassen ist.

Das Buch behauptet, dass ich es BIN, der der souveräne Erschaffer meiner Wirklichkeit ist und alles, an was ich glaube, manifestiert sich an einem Zeitpunkt in meiner inneren und äußeren Wirklichkeit. Das Leben IST laut Buch genau das, was ich wähle, was es sein soll.

Es ist richtig, dass viele Dinge in unserem Leben geschehen, von denen ich behaupten könnte, dass sie nicht in Übereinstimmung mit meinen eigenen Wünschen für mich selbst stehen. Aber hier zeigt das Buch, dass ich mir nicht bewusst über alle meine Wünsche bin, die ich hier in meinem Leben habe. Einige meiner Wünsche existieren auf einem tieferen oder höheren Plan. Dieser Plan ist der Seelen-Plan.

In diesem Seelen-Plan gibt es keine Begrenzungen, und weil meine Seele frei ist, hat sie sich auch die Freiheit genommen, sich genau die Wirklichkeit auf der Erde zu erschaffen, die sie gerne erfahren möchte durch mich.

Warum hat meine Seele dann gewählt, dass ich als Person in diesem Leben sterben soll, warum hat meine Seele zum Beispiel gewählt, dass ich Schmerzen erleben soll? **Das könnte ich mit gutem Recht fragen. Das hat meine Seele laut Buch gewählt, weil sie weiß, dass mir NICHTS geschehen kann, ganz egal WAS ich auf der Erde ausgesetzt werde. Nichts kann mir geschehen aus dem einfachen Grunde, dass meine Seele (ich) ewig BIN.**

Die spirituellen Bücher

Spirituelle Bücher haben viele Fallstricke. Das ist mein Eindruck. Ich bin auf jeden Fall in alle Fallstricke geraten, die man sich nur vorstellen kann. Als erstes ist Spiritualität in meinen Augen immer hier und jetzt. Es ist niemals gestern oder morgen. Nur im Augenblick spielt sich die Wirklichkeit ab, und wenn ich spirituell oder geistig erwachen will, kann ich das nur JETZT.

Sich eine andere Wirklichkeit wünschen

Wenn ich ein spirituelles Buch gelesen habe, bin ich oft in einen Konflikt mit mir selbst geraten. Spirituelle Bücher stellen einen Zustand in Aussicht, der praktisch gesagt frei von Schmerzen ist, und das hört sich für einen Typen wie mich sehr verführerisch an, denn ich möchte gern schmerzfrei sein. Ups, erster Konflikt! Schnell komme ich in die Situation, dass ich mir einen schmerzfreien Zustand wünsche und zwar so, dass ich alles in mir verweigere, das weh tut.

Das Resultat ist immer das gleiche, mein Schmerz wird schlimmer, da ich meine Augen verschließe vor der realen Situation und mich wegträume in einen Zustand, wo mein Schmerz nicht existiert.

Alle meine Fehler und Verfehlungen

Ein anderer Fallstrick war für mich fast allzu dominierend. Spirituelle Bücher brauchen sehr viel Zeit für die Beschreibung meiner Fehler und meiner Verfehlungen als Mensch. Und es gibt nichts, das meine Persönlichkeitsstruktur lieber haben will, als mich zu verändern mit den Fehlern und Verfehlungen, die ich zu haben meine.

Da spirituelle Bücher diese Fehler des Psychischen oft fragmentarisch darstellen, habe ich genug „Brennstoff" den ich dabei mitnehmen kann. Das Resultat war somit immer, dass ich versucht habe, fast ALLES an mir selbst zu „verändern" und ich war so beschäftigt damit, dass ich den Blick verloren dafür, wer ich eigentlich in Wirklichkeit BIN.

Die spirituelle Doktrin

Ich erlebe oft, dass alle spirituellen Bücher eine Doktrin in sich selbst sind - auch wenn sie alle behaupten, es nicht sein zu wollen. Eckhart Tolle weist zum Beispiel den Gedanken von sich, über eine absolute Wahrheit zu schreiben - und gleichzeitig erfindet er seine eigene. Das ist doch paradox! Andere erzählen mir, dass ich mein eigener Lehrmeister sein und daran denken soll, auf mich selbst zu hören, bevor ich auf andere höre. Bereits hier liegt der erste Konflikt, denn ist das nicht bereits schon ein Befehl?

Ich kann schnell in Konflikte geraten, wenn ich den Gedankengang oder eine Doktrin aus einem spirituellen Buch annehme. Das ist wieder nur ein Schema, nach dem man leben soll. Davor lebte ich das, was die Gesellschaft oder meine Umgebung mir sagte, was ich tun soll. Nun lebe ich nach dem, was ein spirituelles Buch mir sagt. Nichts von dem hat etwas mit spiritueller Freiheit zu tun, da spirituelle Freiheit keine Doktrin ist, sondern reines Dasein (d.h. unmittelbar zu existieren).

Ein anderes Problem der spirituellen Bücher ist, dass sie sich auf logischen Pfaden bewegen und gleichzeitig etwas beschreiben, das außerhalb der Logik liegt. Die Wahrheit darüber, wer du BIST und ich BIN, lässt sich niemals vollkommen durch Logik verstehen. Denn es gibt keine Worte für die ultimative Wahrheit: Die Wahrheit darüber wer du BIST und ich BIN, ist ein Totalerlebnis, das im gleichen Augenblick, wo es erlebt wird, etwas Neues ist! Wenn spirituelle Menschen versuchen, dieses zu beschreiben, was man nicht beschreiben kann, schlägt das Gesagte schnell ins Gegenteil um.

Das menschliche Ego

Die spirituellen Bücher kritisieren das menschliche Ego so stark, dass es mir so vorkommt, als ob sie direkte Gewalt gegen dieses ausüben. Das ist in sich selbst bemerkenswert. Ich muss daran denken, dass diese Kritik in Büchern geschrieben wird, die mir gleichzeitig erzählen wollen, dass das Akzeptieren von allem das einzig Richtige ist.
Das menschliche Ego bedeutet und hat bedeutet viel Schmerz in der Welt. Darüber kann kein Zweifel herrschen. Schauen wir nur einmal auf den menschlichen Willen, was für Tragödien er verursacht hat im Laufe der Geschichte. Trotzdem: auch wenn es paradox klingt, benötige ich mein Ego, wenn ich mich von es

befreien möchte. Viele spirituelle Bücher sind nicht so gut wenn es darum geht, diesen Aspekt hervorzuheben.

Es geht ja nicht darum, das Ego zu bekämpfen oder zu verändern, sondern zu sehen und zu verstehen, wie es ist: Egoistisch. Wenn ich mir darüber bewusst werde, dass ich eine egoistische Seite in mir habe, gebe ich mir selbst die Möglichkeit, nicht länger nach dem Verlangen meines Egos zu handeln und lerne gleichzeitig: **Ich BIN viel mehr als nur mein Ego!**
Zu verstehen, dass mein Ego nicht mein Feind ist, sondern mein Freund, finde ich vollkommen ausschlaggebend, um meine Arbeit mittels Spiritualität und Selbstentwicklung zu erkennen. Ich soll daher mein Ego auch nicht „entfernen", sondern es akzeptieren und verstehen. Wenn ich somit mein Ego von Grund auf verstanden habe, kann es mich nicht mehr „täuschen". Dann bin ich der Herr im Hause und mein Ego, das mich vorher nach Belieben gesteuert hat, wird nun nur noch ein „leises Rauschen" in meinen Ohren sein.

Alles in allem

Im Großen und Ganzen war es die größte Herausforderung für mich, mich dem hinzugeben, der ich BIN. Ohne Umweg. Das ist wirklich eine Herausforderung - die verrückten Gedanken zu sehen und die Gefühle, die mich durchströmen und gleichzeitig auf eine Welt drumherum zu treffen, die voll von Gewalt und Zerstörung ist.

Alle Sachen zu erkennen, genauso wie sie SIND und gleichzeitig zu verstehen, dass alles gut genug ist - auch wenn es innerlich wehtut und wenn die Welt drumherum auseinanderzufallen scheint - ist es noch immer eine Kunst für mich, dieses zu meistern.

Wenn es mir dann gelingt, ist es jedoch fantastisch. Das Leben wird ein Rausch an Energie, der mich durchströmt und niemals aufzuhören scheint. Das Leben wird zu einem reinen Sinnesbad an Schönheit - wie ein „leises Rauschen" vor meinen Ohren.

J. Krishnamurti

Gestern, als ich J. Krishnamurtis Buch „Vollkommene Freiheit" fertiggelesen hatte, wurde ich von einem tiefen Frieden überwältigt, der mich seitdem nicht verlassen hat. Keine Angst, kein Hass, keine Wut - nur Frieden.

Mein Bewusstsein manifestiert sich

Jedes Mal, wenn ich ein spirituelles Buch gelesen habe, ist es so, als ob ich ein kleines Loch in mein Bewusstsein (meiner Seele) schlage und sich mein Bewusstsein stärker in mir manifestiert hat. Es wird mir mehr und mehr klar, dass nichts von dem, was ich denke, sage und fühle, mein Bewusstsein ist, sondern mein Bewusstsein stattdessen DAS ist, das alles umgibt.

Es ist sehr wichtig für mich, mich daran zu erinnern, da ich so schnell eingenommen werde von Gedanken und Gefühlen, die ich in mir habe und von allem, was in der Welt um mich herum geschieht. Ich werde so stark davon eingenommen, dass ich mein ursprüngliches Ich vergesse – das, was die Voraussetzung ist, um das Leben und dessen Inhalt zu erleben.

Ich BIN Bewegung und ich BIN Stillstand

Wenn ich wieder versuchen soll, meine eigene Lehre zu beschreiben auf eine andere Weise, könnte ich sagen, dass ich wie alle anderen Individuen aus Bewegung und Stillstand bestehe. Alles, was ich erkenne, ist Bewegung und mein eigenes Bewusstsein ist Stillstand, worin die Bewegung abläuft. „(Gott ist) Bewegung im Stillstand." – Jesus im Thomasevangelium. Wenn ich dann den Unterschied erkennen will an mir und das, was in mir vorgeht, brauche ich bloß aufmerksam sein auf irgendeine Bewegung (Gedanke, Gefühl, Ereignis) in mir oder außerhalb von mir, dann weiß ich, was ich nicht BIN.

Die Seele kennt keine Grenzen

Egal welches Problem ich in meinem Inneren fühle oder auf welche Probleme ich in der Welt treffe, kann ich dieses Problem in Bezug auf den, der ich bin, abweisen. Das Problem ist selbstverständlich eine Tatsache, aber es existiert etwas Größeres in mir und dieses ist mehr und größer - das ist meine Seele.

Da meine Seele unbegrenzt ist, kann es niemals von einem Objekt bezwungen werden, ungeachtet dessen ob es ein Gefühl, ein Gedanke, ein Wort, eine Handlung oder ein physischer Gegenstand ist.

Da ist so viel Platz in mir innen drin und außerhalb von mir und es ist dieser unermessliche Platz der jedes Mal Frieden in mir erschafft, wenn ich ihm Aufmerksamkeit schenke. Ich habe noch immer niedergeschlagene Gefühle von gestern und das Leben geht noch immer seinen Gang, aber überall drumherum und in diesen Gefühlen ist der tiefe Frieden, den nichts und niemand erschüttern kann.

Die Ruhe vergeht niemals

Ich kann nun sehen, dass ich mit dieser Ruhe schon vor meiner spirituellen Reise in Kontakt war und sicherlich auch bevor ich mich damit beschäftigte tiefer in mich selbst reinzuhorchen. Ich war mir damals allerdings nicht im Klaren darüber. Oder ich habe den Kontakt zu der Ruhe verloren, da meine Gedanken und Gefühle so laut „Lärm" gemacht haben, dass ich ganz von ihnen eingenommen war. Aber auf der anderen Seite habe ich immer wieder dorthin zurückgefunden, denn die Ruhe in mir ist IMMER da, genau hinter meinen lärmenden Gedanken und schmerzvollen Gefühlen.

Ich erlebe diese innere Ruhe gerade jetzt, auch wenn „Lärm" in mir ist. Das ist ganz neu für mich. Ich hoffe, dass das Erlebnis von meiner Ruhe wachsen will, denn es ist genau das, was ich mir immer gewünscht habe in mir zu finden: „Frieden in der Seele zum Schluss" – Neale Donald Walsch in „Gespräche mit Gott."

Mein Buch IST gefährlich?

Ich denke mein Buch kann gefährlich sein für die Leute, die es lesen. Besonders wenn es den Lesern Lust darauf macht etwas von den Zuständen, die ich beschreibe, zu erleben und dadurch sich selbst ändern. Darin liegt ein großer Schmerz. Ich habe es selbst so oft erlebt. Jedes Mal wenn ich ein spirituelles Buch lese, werde ich etwas verrückt im Kopf und möchte jemand anders sein, als der, der ich BIN. Und dann bricht der Schmerz wie eine wälzende Woge über mich herein.

Heute bekam ich Lust darauf, alle meine spirituellen Bücher zu verbrennen und mich niemals mehr mit ihnen zu beschäftigen, da sie so viel Schmerz in meinem Leben bedeutet haben und mich fast meinen Verstand gekostet haben. Eckhart Tolles Buch war der Auslöser dafür, dass ich zu einem Zeitpunkt bereit war nach Schweden zu ziehen, um ein Leben weit weg von allen Menschen zu führen, die mir etwas bedeuten.

Das hört sich für mich heute total verrückt an, denn was im Himmel soll ich in Schweden? Mein Leben ist hier! Meine Partnerin ist hier! Ich weiß nicht, was ich mir vorgestellt habe. Warum alle Menschen verlassen, die ich mag? Wie sollte das gut für mich sein?

Ich kann nicht vor dem weglaufen, der ich BIN und vor den Gefühlen, die mich einnehmen, aber ich habe die ganze Zeit Lust darauf. Das ist der Grund, warum ich spirituell sein möchte: Dann kann ich es umgehen ich zu sein. Wie verrückt!

Ich habe Angst vor meinen Gefühlen

Ich habe manchmal so sehr Angst vor meinen Gefühlen und den Reaktionen der anderen Menschen, wenn ich hingehe und irgendetwas sage. Es ist wirklich gewaltig manchmal. Ich fühle mich manchmal wie ein „mental behinderter" oder „emotionaler Analphabet", der nicht ein noch aus weiß. Deshalb wünsche ich mir weit wegzukommen von mir selbst und wegzukommen von diesem „inneren Monster".

Ich habe zum Glück meine Partnerin getroffen, sie gibt mir gute Ratschläge und sagt mir Dinge, die ich weiß, aber die mir durch mein inneres Chaos aus dem Bewusstsein entgleiten. Mein Verhältnis zu meiner Partnerin ist auch schwierig, da es wie ein inneres Karussell ist, auf dem ich hin und her geworfen werde in alle möglichen und unmöglichen Gefühlslagen - manchmal in solch einem Grad, dass ich es kaum aushalten kann.

Ich lande immer wieder in der gleichen Schmerzhölle

Morgen fahre ich nach Kopenhagen, um ein paar Kameraden von der Sporthochschule zu treffen, darauf freue ich mich. Ich mag es zu reisen und neue Dinge und Orte zu erleben. Ich mag es auch, weil ich manchmal etwas gelangweilt bin von meinem einseitigen Leben, wo ich immer nur die gleichen Menschen treffe und die gleichen Dinge tue. Es wird mir guttun, davon wegzukommen und alles mit neuen Augen zu betrachten.

Es wird mir mehr und mehr klar, dass dieses Buch geschrieben wurde, um mich an die Dinge zu erinnern, die ich aufschreibe, bevor ich diese wieder vergesse oder die Übersicht verliere. Ich weiß vieles, aber manchmal ist es kein Vorteil, wenn man viel weiß. Ich täusche mich auch selbst, wenn ich manchmal glaube, nun hätte ich plötzlich alles berechnet und wüsste, wie ich Frieden in mir finde. Es ist fast tragisch, wie leicht ich mich manchmal vertue in meinem Inneren, da die Konsequenzen für mich katastrophal sind und ich jedes einzelne Mal wieder in der Schmerzhölle lande.

Die Frage ist nicht *ob*, sondern *wann* es wieder geschieht.

An irgendeinem Zeitpunkt in meiner Schreiberei ist mir klargeworden, dass jedes Mal, wenn ich den Schmerz durchlebe, ich zu einer neuen Erkenntnis komme, und von diesem Blickwinkel aus betrachtet ist das Durchleben des Schmerzes oder eines anderen gefühlsmäßigen Zustands nie umsonst gewesen, da man immer seinen Bewusstseinsgrad erweitert. Kein Schmerz und kein gefühlsmäßiges Erlebnis ist jemals „vergebens" gewesen. Auch nicht, wenn es so aussieht: die Menschen lernen nur dazu und nicht das Gegenteil!

Ich habe diesbezüglich ein neues Mantra, das sage ich zu mir selbst in den Phasen meines Lebens, wo die Schmerzen überhandnehmen und sie viel Raum in mir einnehmen. Ich sage zu mir selbst:

Denk daran den Schmerz zu genießen, da kein Schmerz für immer anhält.

Dieses Mantra setzt den Schmerz in eine vollkommen neue Perspektive für mich.

Ich gleite ganz langsam

Die Ruhe in mir und um mich herum wächst. Das ist noch immer Schmerz in mir, aber es wird friedlicher und friedlicher überall. Der Frieden, den ich erlebe, ist sehr tiefgehend. Er ist mild und liebevoll, so dass mir die Worte fehlen, um zu beschreiben wie sehr. Ein Wunder IST dieser Frieden. Ich glaube, dass man ihn selbst erleben muss, um zu verstehen, wie unfassbar schön es IST. Denken Sie daran: ganz egal, wo ich mich jetzt hinbewege, erlebe ich diesen Frieden nun. Das ist ein großes Geschenk.

Wie ich im letzten Abschnitt beschrieben habe, dominieren meine Gedanken und meine Gefühle mich noch immer. Der „Kasten", der mich gefangen hält, ist noch nicht umgedreht worden. Es ist noch immer nicht mein Bewusstsein, das mich dominiert, sondern stattdessen meine Gedanken- und meine Gefühlswelt.

Die meisten Menschen, die spirituelle Befreiung suchen, werden beschreiben ganz langsam in diesen Zustand zu gleiten. Ein Erlebnis, das viele als „das gelobte Land" bezeichnen. So erlebe ich auch mein persönliches Erwachen. Es ist, als ob ich dahingleite in einem Erlebnis, das unbegreiflich und gigantisch schön ist.

Früher habe ich in meinem spirituellen Suchen Nachrichten von Engeln und meinem höheren Ich darüber bekommen, was ich machen sollte, um mein eigenes Bewusstsein wiederzugewinnen. Ich habe erfahren, dass ich nicht den ändern soll, der ich BIN, sondern mir bewusst werden soll über den, der ich BIN. Ich habe erfahren, dass das Bewusstwerden keine Kraftanstrengung IST.

Trotz der simplen Botschaften war es schwer für mich, diese in die Praxis umzusetzen. Deshalb muss ich mich selbst wieder an diese Botschaften erinnern:

– Ich soll nicht den ändern, der ich BIN, aber bewusst darüber werden über den, der ich BIN.
– Bewusst sein IST keine Kraftanstrengung.

Bewusstsein IST überall

Es ist richtig, dass ich nicht bewusst werden kann wenn ich dieses oder jenes mache. Ich kann mir jedoch paradoxerweise auch nicht bewusst werden durch das Nichtstun. Bewusstsein ist etwas, das ich BIN. Deshalb ist Bewusstsein keine Kraftanstrengung, denn bewusst zu sein liegt in meiner Natur. Wenn ich nach meinen Bewusstsein Ausschau halte, finde ich es niemals. Wenn ich mich anstrenge, finde ich nie das, was ich suche. Es ist fast so wie herumzulaufen und nach seiner Brille zu suchen, während man die Brille bereits aufhat. Erst wenn ich erkenne, dass dort nichts mehr ist, nach dem ich suchen brauche, fällt alles auf seinen Platz.

Ich BIN keine Idee von mir selbst

Das Bewusstsein (die Seele) kann man wie gesagt nicht sehen, und deshalb kommt es vielen diffus vor. Die meisten Menschen auf dieser Erde haben das selbige Bewusstsein an eine Idee über sich selbst und ihre Welt verloren. Niemand ist eine Idee von der Wirklichkeit, genauso wie keiner eine Idee von sich selbst ist.

Auch nicht, wenn ich denke, dass es sich so verhält. Die Idee entsteht auf der Gedankenebene, wenn ich versuche mich an der Wirklichkeit zu orientieren, als Teil von dieser. Deshalb entstehen Ideen, sie entstehen aufgrund der Wirklichkeit, nicht umgekehrt.

Das Gedankengefängnis

Es sind meine Gedanken, die mir Probleme bereiten, wenn ich mir Bilder und Ideen von der Wirklichkeit mache und sie danach mit mir selbst vergleiche. So erschaffe ich eine illusorische (von Gedanken erschaffene) Distanz zwischen mir selbst und der Wirklichkeit, und dann habe ich einen Samen in das Leiden gesät.
Jesus sagt im Thomasevangelium: „Wenn ihr die zwei zu eins macht … dann werdet ihr in (das Königreich) eingehen."

Mit anderen Worten: Wenn ich meine Ideen über die Wirklichkeit zerschlage und eins werde mit der Wirklichkeit, wie sie IST, dann hört mein Schmerz auf.

Viel zu lange war ich in meinen eigenen Ideen gefangen: über mich selbst, über andere Menschen und die über die Welt, in der ich lebe. So lange, dass mein Verhältnis zu meinem Leben nur ein Verhältnis zu einer Reihe mentaler Bilder gewesen ist. Um dieses Muster zu durchbrechen, bin ich gezwungen, meine Gedanken als das zu sehen, was sie präzise sind: Eine selbsterschaffene Illusion!

Die Wirklichkeit IST ein Tanz

Ich kann die Wirklichkeit nicht einkapseln als eine Reihe von Gedanken. Die Wirklichkeit übergeht eine jede Fantasie, eine jede Idee, die ein menschliches Gehirn hervorbringen kann, da: **die Wirklichkeit ein totales Erlebnis ist von allem, das geschieht - hier und jetzt!**

Im gleichen Augenblick, in dem ein Ereignis stattgefunden hat, muss es bereits das Leben lassen für ein anderes Ereignis - und noch eins mehr. Und so setzt die Wirklichkeit ihre Größe ins Unendliche fort. Warum versuchen alles zu steuern, wenn es sich sowieso nicht machen lässt?

„Die Wirklichkeit ist wie ein Sinnesrausch, ein Tanz, wo ich als Betrachter keine reale Kontrolle über das habe, was vor sich geht. Alles ist immer etwas Neues und ihm unterliegt durch dieses Faktum auch die Freiheit und versteckt sich, weil in der Umgebung, wo der Strom des ewigen Lebens existiert, ist kein Kampf, nur Frieden."

Von meinem Facebookprofil aus dem Jahre 2013.

...

Gestern ist mir aufgefallen, dass ich keine Ruhe in mir selbst auf eine bestimmte Art erschaffen kann oder nach einem bestimmten Rezept. Ich habe im Bett gelegen und meine innere Blockierung gemerkt (meinen Schmerz), und ich habe mich darin geübt, ihn einfach sein zu lassen, so wie er war. Als ich aufgestanden bin, habe ich den CD-Player angemacht, mich aufs Sofa gelegt und weiterhin versucht, mich nicht in den Schmerz einzumischen, den ich in meinem Inneren fühlte.

Später kam mir dann der Gedanke, dass ich mich zu sehr angestrengt habe, um meine Gefühle und den Schmerz das sein zu lassen, was sie waren. Aber ich kann mir nicht einmal sicher sein deswegen. Denn um ehrlich zu sein, weiß ich nicht, ob das, was ich gestern gemacht habe, verkehrt war oder nicht. Fakt ist ja, dass ich es gemacht habe!

Die spirituellen Bücher stellen ein Schema nach dem anderen auf, wie man seinen Frieden finden kann und eins wird mit dem Augenblick. Auch mein Buch, finde ich, versucht einen Weg oder eine Methode zu beschreiben, wie man inneren Frieden findet. Etwas in mir schreit mich selbst an, um mir zu sagen, dass solange es sich so verhält, ich niemals den Frieden finden werde, den ich suche.

Frieden kann man nicht kontrollieren

Die Wirklichkeit kann man nicht einordnen in verschiedene „Kästchen". Man kann sie für sich nicht einer Rubrik zuordnen.

Die Wirklichkeit ist genug in sich selbst. Darüber habe ich gerade geschrieben. Warum sollte der Weg zum Frieden dann der sein, zu systematisieren oder etwas in eine Formel zu fassen? Es erscheint mir plötzlich sinnlos zu glauben, dass es sich so verhalten sollte. Vor nicht allzu langer Zeit schrieb ich einen kleinen Kommentar an meine Freundin Cecilie auf Facebook, der folgendermaßen lautete: „Ruhe im Inneren ist nicht etwas, worüber wir Herr sind, denn plötzlich ist sie da – dann aber verschwindet sie wieder!"
Ja, ich muss doch sagen, dass es so scheint, als ob ich den Finger auf den wunden Punkt gelegt habe. Wenn ich den obenstehenden Satz lese, dann fühle ich mich innerlich erleichtert - als ob mir eine große Last von den Schultern genommen wird.

Doch letztendlich entscheide ich dieses nicht. Frieden ist nichts, was innerhalb meiner Kontrolle liegt, genauso wenig wie ich die Wirklichkeit kontrollieren kann. Frieden wird mir nicht gegeben durch das, was ich mache, sondern durch den, der ich BIN. Eines Tages werde ich diese Lehre vielleicht verstehen:

„Die Konflikte, die du ständig in deinem Inneren und in der Welt erlebst, sind nicht wer du in Wirklichkeit BIST. Erkenne dein bewusstes Wesen, das überall existiert und das du direkt vor deinen Augen erkennst, und empfange den Frieden, den du verdienst! "
Von meinem Facebookprofil, 2012.

...

Das Bewusstsein wächst in mir und ich entdecke das Leben, das ich immer war, aber das für mich durch meine Gedanken und mein Gefühlschaos versteckt gewesen ist. Es ist wundervoll und viel größer, als ich es mir jemals erträumt hätte.

An alle diejenigen, die dieses lesen und noch nicht ihr inneres Licht (ihr Bewusstsein) gefunden haben, es ist meine Hoffnung, dass ihr in diesen Worten aus dem Thomasevangelium Trost finden werdet:

Thomasevangelium – Das Königreich des Vaters (Das Bewusstsein)

2 „Wer sucht, soll nicht aufhören zu suchen, bis er findet; und wenn er findet, wird er erschrocken sein; und wenn er erschrocken ist, wird er verwundert sein und er wird über das All herrschen."

3 „Wenn die, die euch führen, euch sagen: Seht, das Königreich (das Bewusstsein) ist im Himmel, so werden die Vögel des Himmels euch vorangehen. Wenn sie euch sagen: es ist im Meer, so werden die Fische euch vorangehen. Aber das Königreich (das Bewusstsein) ist in euch, und es ist außerhalb von euch."

5 „Erkenne, dein Bewusstsein, das vor dir ist und was dir verborgen ist, wird dir enthüllt werden. Denn es gibt nichts Verborgenes, was nicht offenbar werden wird."

15 „Wenn ihr das Bewusstsein seht, der nicht geboren ist vom Weibe, werft euch auf euer Antlitz und verehrt es, jener ist euer Vater."

17 „Ich werde euch geben, was kein Auge gesehen und was kein Ohr gehört und was keine Hand berührt hat und was nicht im menschlichen Sinne aufgekommen ist."

20 Die Jünger sprachen zu Jesus: „Sage uns, wem das Himmelreich (das Bewusstsein) gleicht." Er sprach zu ihnen: „Es gleicht einem Senfkorn, kleiner als alle Samen. Wenn es aber auf beackerte Erde fällt, bringt es einen großen Zweig hervor und wird zum Schutz für die Vögel des Himmels."

30 „Wo drei Götter sind, sind es Götter; wo einer ist, mit Ihm bin ich."

47a „Es ist unmöglich, dass ein Mensch zwei Pferde besteigt, zwei Bogen spannt. Und es ist unmöglich, dass ein Diener zwei Herren dient, oder er wird den einen ehren und den anderen geringschätzen."

48 „Wenn zwei miteinander Frieden schließen in diesem einen Hause, werden sie zum Berg sagen: Bewege dich fort, und er wird sich fortbewegen."

61b „Darum sage ich: wenn er zerstört ist, wird er mit Licht gefüllt sein. Wenn er aber geteilt ist, wird er mit Dunkelheit gefüllt sein."

76 „Das Königreich des Vaters (das Bewusstsein) gleicht einem Kaufmann, der Ware hatte und eine Perle fand. Jener Kaufmann war schlau. Er verkaufte die Ware und kaufte sich die Perle allein. Sucht auch ihr den zuverlässigen und dauerhaften Schatz dort, wo keine Motte hinkommt, um zu fressen, und wo kein Wurm zerstört."

77 Jesus sprach: „Ich bin das Licht, das über ihnen allen ist. Ich bin das All, das All ist aus mir hervorgegangen, und das All ist bis zu mir ausgedehnt. Spaltet ein Holz, ich bin da. Hebt den Stein auf, und ihr werdet mich dort finden."

86 „[Die Füchse haben ihre Höhlen] und die Vögel haben ihre Nester. Das Bewusstsein aber hat keinen Ort, um sein Haupt hinzulegen und sich auszuruhen."

94 „Wer sucht, wird finden; [und wer anklopft,] dem wird geöffnet werden."

101 „Wer seinen Vater und seine Mutter nicht liebt wie ich, werdet nicht sein Bewusstsein finden. Denn meine Mutter hat mein Körper getragen, doch mein Bewusstsein gab mir das Leben."

108 „Wer von meinem Munde trinkt, wird werden wie ich, und ich selbst werde er werden, und das Verborgene wird ihm offenbart werden."

111 „Die Himmel werden aufgerollt werden und die Erde in eurer Gegenwart, und der Lebendige aus dem

Lebendigen wird den Tod nicht sehen. Denn Jesus spricht: Wer sich selbst findet, dessen ist die irdische Welt nicht würdig."
113   Seine Jünger sprachen zu ihm: „Das Königreich (das Bewusstsein), wann wird es kommen?" Jesus sprach: „Es wird nicht kommen, wenn es erwartet wird. Man wird nicht sagen: Seht, hier oder seht, dort. Sondern das Königreich des Vaters (das Bewusstsein) ist ausgebreitet über die Erde, und die Menschen sehen es nicht."

...

Gestern, als ich eine ausgewählte Passage des Thomasevangeliums übersetzt habe, die vom Bewusstsein des Menschen handelte, hatte ich eine kleine Krise. Es ist, als wenn ich ein spirituelles Buch gelesen habe und dann versuche in meinem Leben mehr zu verstehen oder wiederzufinden, was ich vom Buch erkannt habe und dadurch das, was in mir ist, verweigere.

Heute bin ich in die Stadt gegangen und es senkte sich eine Ruhe über die Menschen und mich selbst, es war ganz unbeschreiblich und etwas, das ich so vorher noch nie erlebt habe. Es war so, als ob alle Dinge vollkommen klar waren und Stille herrschte, auch wenn die Einkaufsstraße gefüllt war mit Menschen.

Mein bewusstes Wesen

Jedes Mal, wenn ich in die Welt hinausschaue, treffe ich auf mein bewusstes Wesen, das nicht zu unterscheiden ist von der Wirklichkeit, die ich erkenne. Mein bewusstes Wesen: das sind nicht die Dinge, die ich sehe, und dennoch ist es überall. Es umgibt unsichtbar einen jeden Gegenstand in der Welt um mich herum und umgibt unsichtbar einen jeden Gedanken und jedes Gefühl, das in mir ist.

Ich kann also nicht mein Bewusstsein mit meinen Augen sehen, und trotzdem weiß ich, dass es überall da IST.

Nach einem alles entscheidenden Erlebnis im Jahre 2010 ging ich auf Reisen, um mein bewusstes Wesen in mir zu finden. Damals erlebte ich plötzlich eine Nacht, in der mein Körper und meine Umgebung vollkommen verschwanden. Alles was übrigblieb, war mein bewusstes Selbst, und dieses bewusste Selbst war wie ein dunkler Raum oder Energie ohne Ende.

Dieses wahrhaftige Erlebnis gab mir ein Verständnis dafür, dass die Welt, in der ich mich normal bewege, nur ein kleiner Teil von etwas unendlich Großem ist. Ich habe nämlich gelernt, dass tief in mir nur ein Bewusstsein existiert, ein Leben und dieses eine Leben, dieses eine Bewusstsein, bin ICH (was auch bedeutet: SIE!)!
Mit solch einem Verständnis der Wirklichkeit kann schwer umzugehen geschweige denn es schwer zu vermitteln sein, und das war es auch für mich. Denn wie können wir eigentlich zum Schluss alle ein und das gleiche Bewusstsein haben?

Der menschliche Aspekt IST schön

Ich verlor nach diesem einschneidenden Erlebnis vollkommen den Boden unter den Füßen und begann die Welt zu verachten und die Menschen darin. Es erweckte ein Verlangen in mir, mich wieder in diesem Zustand befinden zu wollen, wo ich EINS mit allem war.

Da ich meine eigene menschliche Seite nicht mehr akzeptieren wollte und auch nicht die der anderen, erlebte ich viel Schmerz in diesem Lebensabschnitt. An einem Zeitpunkt war ich so weit, dass ich alles verlassen wollte, meine Freunde und Familie, um, wie man so schön sagt, auf einer einsamen Insel zu leben.

Es war natürlich total verrückt und meine Verachtung gegen die menschlichen Aspekte in mir resultierte auch daraus, dass meine Umgebung sich von der Person abwandte, die ich geblieben war, was verständlich erschien.

Heute kann ich das Ungleichgewicht, in dem ich mich damals befand, durchschauen und ich preise wieder meine menschliche Seite sowie auch die von anderen. Der menschliche Aspekt in uns ist schön und es ist ein Grund dafür, dass wir als Menschen geboren wurden. Auch wenn wir eine Seite in uns haben, die etwas erhabener ist über das menschliche Fleisch und Blut.

Wir sind alle ein Teil von dem gleichen Einen

Letztendlich gibt es nur ein Leben, ein Bewusstsein, und von diesem einen Bewusstsein, diesem einen Leben, sind wir alle ein Teil. Es ist wie eine immer vorhandene Energie, die uns allen Leben spendet und ohne die wir nicht hier wären. Die Welt besteht aus Milliarden von verschiedenen Individuen und diese einzelnen Individuen erleben die Welt aus jeder ihrer eigenen Perspektiven. Aber letztendlich sind diese unzähligen Perspektiven alle nur Teile von ein und dem gleichen Bewusstsein.
Glauben Sie es oder nicht!

...

Eckhart Tolle baut mich durch einen seiner Facebook Posts auf. Er beschreibt die Dinge auf eine Art, die ich gerade jetzt erlebe und bestätigt mich bezüglich meiner Erlebnisse darin, dass ich auf dem rechten Weg bin. Ich erlebe immer Frieden in mir, wenn ich Eckhart Tolles schöne und verständnisvolle Worte lese.

Hier sind Eckhart Tolles Worte:

„Liebe Freunde,
der römische Kaiser Marcus Aurelius (ein wahrer philosophischer König) schrieb:

‚Heißet eine jede Laune vom Glück willkommen.' – Anstatt deine Erlebnisse vom Jetzt verbrennen zu lassen, akzeptiere sie so, wie sie sind. Ich nenne das: Alles notwendige Gepäck aufgeben (Irritation, Wut, Klagen, Opfer sein ...). Es ist so eine Schönheit und solch ein Leben in jedem Augenblick. Zugleich wird das Gute tiefgehender und das Unangenehme löst sich auf und eine jede Handlung, die du dir vornimmst, hat mehr Effekt. Und vor allem gibt es im Hintergrund Frieden, was auch immer du erlebst.

In Liebe Eckhart"

Das Bewusstsein wächst in mir Tag für Tag. Es ist nicht so viel, da ich den verändert habe, der ich BIN und was ich nun mache und tue, sondern mehr, weil ich aufmerksamer für das bewusste Leben geworden bin, das untrennbar von mir ist - das bewusste Leben, das uneingeschränkt ist, nicht nur bezüglich meiner Gedanken, Gefühle und des Körpers, den ich habe, sondern auch bezüglich der Welt und den Dingen, die in ihr sind.

In einer E-Mail an meine Mutter habe ich versucht, die Wichtigkeit zu betonen von dem bewussten Wesen, das untrennbar ist von dem Leben selbst und das in jedem von uns ist:

„Ich denke, dass es wichtig ist, dass wir zwischen dem, was in dem Menschen begrenzt ist (die menschliche Seite) und das, was in dem Menschen unbegrenzt ist (die göttliche Seite), unterscheiden. Die begrenzte Seite, das Menschliche in uns, enthält das ganze Spektrum an Gefühlen: Hass, Sorgen, Wut, Begehren, Glücklichsein etc. Und diese Seite hat ihre Berechtigung, alleine schon aus dem Grund, weil wir in diese Welt als Mensch geboren worden sind."

Die göttliche Seite in uns hingegen ist unbegrenzt. Die göttliche Seite ist die ganze Ursache dafür, dass wir am Leben sind, weil sie untrennbar vom Leben selbst ist. Die göttliche Seite, das Leben, hat keine Formen, man kann es nicht sehen mit dem bloβen Auge. Trotzdem ist es überall und die Menschen finden das Leben in sich selbst, wenn sie aufmerksam werden für diese Seite in sich selbst, die die Wirklichkeit erkennt.

Erkenntnis ist das in uns, das weiß, das wir denken, wenn wir denken – das weiß, das wir reden, wenn wir reden usw. Es ist die Seite im Menschen, die alles erkennt was existiert in der äußeren sowie auch in der inneren Welt. Man kann dazu eine Übung machen und es vor sich sehen. Genau vor den Augen findet man das bewusste Leben, die Erkenntnis, und schnell wird man entdecken, dass dieses bewusste Leben überall ist, sowohl in uns selbst als auch außerhalb von uns selbst.

Wenn wir aufmerksam werden auf unsere göttliche Seite (das bewusste Leben in uns), können wir immer Zuflucht in ihr suchen, weil diese immer dort ist. Das Leben, das göttlich ist, geht niemals weg! Wir haben es immer mit uns, egal was wir erleben. Die göttliche Seite im Menschen entdeckt der, der aufmerksam dafür ist, dass hier kein Gegensatz ist. Hier ist alles immer das Gleiche und dieses gleicht Friedlichkeit, Milde und Liebe. Der, der aufmerksam ist, entdeckt auch, dass diese friedliche, milde und liebevolle Seite überall ist, in ihm und außerhalb von ihm. Hinter den Gefühlen, dem Rasen, den Gedanken, die Lärm machen und der Welt, den Geräuschen, existiert dieses Göttliche, dieses formlose Leben als ein Geschenk und ein ewiger Trost für uns Menschen.
Deswegen denke ich ist es richtig, dass wir Menschen begrenzt sind durch unsere Menschlichkeit, und dass es wichtig ist, unsere menschliche Seite anzuerkennen. Ich denke aber auch, dass es genauso ist, dass je mehr wir das formlose Leben in uns selbst entdecken, desto mehr werden wir mit Frieden erfüllt und desto mehr werden wir im Stande sein uns selbst und andere zu lieben.

Schau, die Welt verändert sich die ganze Zeit! Dinge kommen und gehen: Freude, Sorgen, Wut, Hass und Glück. Menschen werden geboren und sie sterben. Alles verändert sich ins

Unendliche - und doch: Hinter den ewigen Veränderungen treffen wir dieses Unbewegliche und Unveränderliche, das Leben selbst, das es uns erlaubt, die ewige und konstante Veränderung des Lebens zu erleben.
Ich wünsche mir innerlich für dich, liebe Mutter, dass du in immer größerem Maß den unendlichen Frieden erleben wirst, der in deinem Inneren herrscht.

In Liebe, Kaspar"

• • •

Ich weiß nicht ob es mir hier ganz gelungen ist, zu meiner Mutter durchzudringen oder zu den Menschen im Allgemein, wenn ich über diese Sachen schreibe. Ich bin der Auffassung, dass andere Menschen nicht ganz die Bedeutung vom Leben verstehen, in dem sie sind und welches allem anderen, was sie erleben, vorausgeht. Am meisten glaube ich jedoch, dass die Mehrzahl der Menschen nicht in der Lage ist, ein Auge auf das bewusste Leben zu werfen, das in ihnen herrscht und das unabhängig ist in Bezug auf alles andere.

Ich hatte es selbst schwer damit, das bewusste Leben in mir zu entdecken und auch, wenn ich lange ein Auge darauf hatte - circa zwei bis drei Jahre - habe ich erst jetzt entdeckt, wie riesig es IST. Es ist auch erst jetzt der Fall, wo ich richtig den Unterschied verstehe zwischen dem Bewussten in mir und allem anderen, das in der Welt (und in mir) existiert.

Mein Bewusstsein ist mit anderen Worten langsam gewachsen und deshalb muss ich auch vermuten, dass es auch bei den anderen Menschen so vor sich gehen wird. Ich (und die anderen) müssen Geduld haben, so wie das Leben Geduld mit mir hat (und den anderen)!

• • •

Seit Sonntag, als ich einen großen inneren Schmerz erlebte, habe ich die Aufmerksamkeit auf meinen Schmerz und auf mein Inneres fokussiert, so dass ich nun nur noch die Aufmerksamkeit übrighabe. Einer jeden Bewegung, die in meinem Inneren geschieht, gebe ich nun meine volle Aufmerksamkeit, und das gibt mir Linderung.

Ich habe mir vorgenommen fortzufahren und meinem Inneren nahe zu sein, da es eine richtig gute Wirkung auf mich hat. Ich habe auch beschlossen, nicht über das Bewusstsein mit anderen zu reden, aber auch nicht darüber zu schreiben im Internet. Ich habe den Wunsch die Arbeit mit mir selbst auf mich zu fokussieren, da ich merke, dass es mir nun guttut und so richtig für mich ist.

Es ist noch immer schwer für mich ganz zu verstehen, dass auch wenn ich den Schmerz in mir habe, ALLES trotzdem ist wie es sein soll. Es nimmt viel Aufmerksamkeit in Anspruch, wenn der Schmerz entsteht und das tut er fast immer, egal in welcher Situation ich mich befinde. „Es wird schon gehen", denke ich dann. Ich schreibe über diesen Ablauf wieder in den nächsten Tagen.

• • •

Ich hatte ein Erlebnis nachdem ich geschrieben hatte, dass ich nicht mehr über das Bewusstsein mit anderen sprechen möchte. Ich habe einen Artikel von Neale Donald Walsch gelesen, in dem er ein Gespräch mit Gott beschreibt (ja, das hört sich wild an!) und seine Erkenntnisse, die er dadurch gewonnen hat. Er sagt, dass jedes Mal, wenn er über Gott redet oder schreibt, wird er wiedervereint mit dem Göttlichen in sich selbst.

Für mich war es eine Erleichterung dieses zu lesen, da ich oft einen „mentalen Kater" hatte, wenn ich ununterbrochen über das Bewusstsein (das Göttliche in mir) schrieb oder mit über sprach. Ich habe oft erlebt, dass, wenn ich eine Strophe oder einige Worte geschrieben hatte, ich das Gefühl bekam, als ob ich den Tag davor auf „Sauftour" in der Stadt unterwegs war, wo man sich am Tag danach unsicher fühlt wegen seines eigenen Verhaltens.

Summa summarum bedeutet das, dass ich eine klare Entwicklung bei mir sehe bezüglich meiner Erlebnisse und der Erkenntnis des Göttlichen (des Bewussten) in mir - jedes Mal wenn ich darüber spreche oder schreibe.

Schaue ich zurück auf die letzten drei Jahre, habe ich mich unglaublich entwickelt sowohl, was das Verstehen meines Bewusstseins anbelangt als auch das Praktizieren eines bewussteren Lebens. Ich hoffe nicht, dass mein mentaler Kater dieser Entwicklung eine Grenze setzt. Es ist ein gesunder Prozess für mich über das Göttliche zu sprechen und zu schreiben. Ein jeder Lernprozess, wie ich ihn verstehe, enthält einen gewissen Grad an Schmerz, und Schmerz ist somit nicht unbedingt etwas Schlechtes, denn schauen Sie nur einmal, wo er mich hingeführt hat!
Es ist mein Plan, Neale Donald Walschs Text hier in diesem Buch wiederzugeben, sobald ich ihn übersetzt habe. Er ist sehr erleuchtend, finde ich.

• • •

Ich habe dieses fantastische Buch von Neale Donald Walsch gerade erhalten und gelesen: „Zuhause in Gott – Über das Leben nach dem Tode".

In dem Buch führt Neale ein Gespräch mit Gott über die größten Lebensfragen, Gott beantwortet diese und beschreibt alles bis ins kleinste Detail. Natürlich ist der Gott, mit dem Neale redet, keine außenstehende Person oder Wesen. Gott existiert in Neales eigenem Inneren und wie sich langsam herausstellt, ist dieser Gott nicht so überraschend untrennbar von dem „selbigen" Neale.

Das Buch hat eine sofortige Reaktion in mir hervorgerufen, ich kam sofort in Kontakt mit meiner höheren Kraft oder einer höheren Energie in mir. Als ob ich auf eine Frequenz oder ein Signal eingestellt wurde, das sehr kraftvoll war.

Diese höhere „Frequenz" fühlt sich an in mir wie eine Vibration, die auf einem höheren Schwingungsniveau ist als das, was ich normalerweise gewohnt bin. Auf diesem hohen Schwingungsniveau löst sich mein innerer Schmerz blitzschnell auf und läuft zusammen mit meinem inneren „Strom" aus höheren Vibrationen.

Ich habe mehrmals in meinem Buch dieses friedliche Gefühl beschrieben, das ich in meinem Inneren fühle. Es fühlt sich an wie eine weiche, milde und liebevolle Umarmung von meinem ganzen Wesen. Dieses Gefühl hatte ich gleich, als ich mit Neales Buch anfing, es ist ein vergleichsweise tiefer innerer Frieden. Das Erlebnis war einfach nur kraftvoller und mehr subtil. Es verrät, dass die Wirklichkeit, in der ich mich befunden habe, eine Illusion ist und dass eine viel höhere und ganz andere Seite der Wirklichkeit existiert, als die, die ich schon immer kannte.

Es entsteht eine ganz neue Sichtweise zu Jesus' Worten: „Wenn zwei Frieden schließen unter sich in diesem einen Haus, werden sie dem Berg sagen: Versetze dich, und er wird sich versetzen."

Ich habe dieses „Haus" in mir selbst erkannt und nun kann ich Jesus zustimmen: „Mein Haus ist nicht von dieser Welt."

Ich bin mir sicher, dass das, was ich sage, sich für einige sehr religiös anhören mag, und dazu will ich nur sagen, ich kann es verstehen. Wenn man nicht die höhere Wahrheit in sich selbst entdeckt, wie will man dann überhaupt wissen, dass sie dort IST?
Deshalb ist mein Gebet für alle diejenigen, die dieses Buch und diese Zeilen lesen:

Suche diese Wahrheit in dir selbst! Glaube daran, dass sie da IST - auch wenn du sie nicht sehen oder merken kannst hier und jetzt! **Denn wenn du daran glaubst, wird das an was du glaubst dir gezeigt! Und nicht nur wird es dir gezeigt, es wird dir gegeben und du sollst es ganz umsonst erhalten!**

In Neales Buch „Zuhause in Gott – Über das Leben nach dem Tode". sagt Gott, dass der Tod eine Illusion ist. In Wirklichkeit bedeutet der Tod bloß, dass wir die physische Welt verlassen, um in die geistige Welt zurückzukehren, von der wir ursprünglich kommen.

Aber der Tod ist nicht nur eine Illusion. Niemand stirbt in dieser Welt ohne sein Einverständnis, mit anderen Worten sterben wir alle zu einem Zeitpunkt, den wir selbst gewählt haben, da letztendlich nichts zufällig ist. Alles was geschieht, passiert IMMER nach unserem eigenen Wunsch. Ansonsten wären wir ja keine freien Individuen, und das SIND wir, behauptet das Buch.

Wenn wir in der geistlichen Welt erkannt haben, wie bedingungslos und vollkommenen geliebt wir sind, werden wir uns wünschen zu einem Zeitpunkt wieder in der physischen Welt geboren zu werden, um uns selbst zu erleben in einer noch großartigeren Ausgabe als das unsere Jetzige.
Nichts was wir somit erfahren, ist veraltet. In der Unendlichkeit bewegen wir uns zwischen diesen zwei Welten (der geistigen und der physischen Welt), wo wir ständig bessere Ausgaben von uns selbst erleben.

Die Botschaft des Buches ist neben dem Umstand, dass der Tod eine Illusion ist, den Menschen zu erzählen, dass sie durch ihr Bewusstsein untrennbar sind von Gott (der Geber von allem Leben) und dass Gott dieses eine überall immerwährende JETZT ist. Das JETZT, worin alles geschieht in alle Ewigkeit.

Das Buch hat meine Angst beseitigt. Es ist so schön und einfühlsam geschrieben. Eine intelligente Betrachtung von Leben und Tod, die so liebevoll und wohlwollend ist, dass es meinen Herzschmerz in diesem Augenblick lindert und heilt. Das Leben ist viel mehr als ich jemals geglaubt oder mir jemals vorgestellt habe, und ja: Die Wirklichkeit übersteigt in Wahrheit eine jede Phantasie und eine jede Fiktion!

Ich schreibe die 18 Erinnerungen von Gott auf, um die Menschen daran zu erinnern. Denn wie Gott es im Buch sagt, gibt es nichts, was wir nicht schon bereits wissen. Wir sollen nichts lernen, aber uns nur daran erinnern, denn in unserem Wesenskern sind wir untrennbar von dem einen und allwissenden Leben.

Gottes Erinnerungen an die Menschen

Die erste Erinnerung: Zu sterben ist etwas, das du für dich selbst tust.
Die zweite Erinnerung: Du bist die Ursache deines eigenen Todes. Dies ist immer wahr - wo und wie auch immer Du sterben magst
Die dritte Erinnerung: Du kannst nicht sterben gegen Deinen Willen.
Die vierte Erinnerung: Kein Pfad zurück nach Hause ist besser als irgendein anderer.
Die fünfte Erinnerung: Der Tod ist niemals eine Tragödie - er ist immer ein Geschenk.
Die sechste Erinnerung: Du und Gott seid eins. Da ist keine Trennung zwischen Dir und Gott.

Die siebte Erinnerung: Der Tod existiert nicht.
Die achte Erinnerung: Du kannst nicht die letzte Wirklichkeit verändern. Aber Du kannst ändern, wie Du diese Wirklichkeit erfährst.

Die neunte Erinnerung: Alles, was lebt, sehnt sich danach, sich selbst in seiner Erfahrung zu kennen. Dies ist der Grund allen Lebens.

Die zehnte Erinnerung: Das Leben ist ewig.
Die elfte Erinnerung: Zeitpunkt und Umstände des Todes stimmen stets.
Die zwölfte Erinnerung: Der Tod einer Person enthält immer einen Beitrag zum Leben einer anderen Person, die über diesen Tod in Kenntnis gesetzt wurde. Das ist der Grund, warum jemand vom Tod einer anderen Person erfährt. Deshalb ist kein Tod (und kein Leben) „vergeudet". Niemand stirbt „umsonst".

Die dreizehnte Erinnerung: Geburt und Tod sind dasselbe.

Die vierzehnte Erinnerung: Du bist ohne Unterbrechung im Akt der Schöpfung - im Leben wie im Tod.
Die fünfzehnte Erinnerung: Die Evolution hat kein Ende.
Die sechszehnte Erinnerung: Der Tod ist reversibel.
Die siebzehnte Erinnerung: Im Tod wirst Du von allen Deinen Lieben willkommen geheißen - von denjenigen, die vor Dir gestorben sind und von denjenigen, die nach Dir sterben werden.

Die achtzehnte Erinnerung: Freie Wahl ist ein Akt freier Schöpfung, die Unterschrift Gottes und Dein Geschenk, Deine Macht und Deine Herrlichkeit in Ewigkeit.

Hat dies Ihre Aufmerksamkeit geweckt? Es erweckte auf jeden Fall meine! Ich danke Neale Donald Walsch, dass er diesen Dialog mit Gott niedergeschrieben hat, aber am meisten bin ich dankbar dafür, dass ich mich dazu entschlossen habe, dieses Buch zu lesen, da es letztendlich meine eigene Erinnerung an mich selbst ist.

• • •

Neale Donald Walschs Buch wirkt wie eine milde Brise auf mein ganzes Wesen. Es ist so schön. Ich habe angefangen, das Buch noch einmal zu lesen, weil dort so viel wichtige Worte und so viel weise Lehrsätze enthalten sind, die ich mir gerne einprägen möchte, weil ich nicht das unbeschreibliche Wunder verpassen möchte, welches das Buch vermittelt.

Ich habe beschlossen, einen sehr schönen Ausschnitt aus dem Buch mit mir selbst und jedem, der diese Zeilen liest, zu teilen:

Neale fragt Gott:
„Warum sollten wir nach dir verlangen, bevor du nach uns verlangst? Wenn du wirklich der allwissende Gott bist, dann solltest du wissen, dass wir deine Hilfe brauchen. Wenn du wirklich ein barmherziger Gott bist, dann solltest du willig sein, deine Hilfe anzubieten - ohne dass wir dich darum bitten. Wenn

wir bereits auf den Knien sind, ganz gebeugt von unseren Niederlagen, warum sollen wir dann noch mehr kriechen und dich anbeten uns zu retten? Wenn du ein lieber Gott bist, warum liebst du uns dann nicht genug, um uns zu helfen, ohne dass wir dich anbeten müssen?

Und wenn wir schon dabei sind: Was sagst du zu denen, die dir sagen: „Ich habe zu dir gebetet und du warst nicht da! Glaubst du nicht, dass ich zu Gott gebetet habe, um Hilfe zu bekommen? Für Gottes Schuld, warum glaubst du, dass ich so verzweifelt bin? Ich bin so verzweifelt, weil es so aussieht, als ob Gott mich im Stich gelassen hat! Ich bin hier ganz verlassen. Und ich will nicht mehr. Es ist vorbei. Ich bin fertig. Am Ende des Weges." Na, was sagen Sie zu dieser Person?

Gott antwortet Neale: Ich sage …
Ich möchte dich nun darum bitten, die Möglichkeit für ein Wunder abzuwiegen. Es gibt einen Grund dafür, warum du keine Lösung von meiner Seite erhalten hast, aber dieser Grund ist nun nicht wichtig. Das wichtigste in diesem Augenblick ist nun, dass du die Möglichkeit abwiegst, ob eine Antwort direkt vor deiner Nase liegen könnte. Öffne deine Augen und du wirst sie sehen. Öffne deinen Sinn und du wirst sie erkennen. Öffne dein Herz und du wirst fühlen, dass sie dort ist.

Ich sage…
Nur wenn du mich um sicheres Wissen anbetest, wirst du dir klar darüber sein, dass du eine Antwort bekommen hast. Weil es ist das, was DU weißt. Es ist das, was DU fühlst. Und es ist das, was DU erklärst, was wahr sein wird aus deiner Erfahrung. Wenn du zu mir betest aus Hoffnungslosigkeit, werde ich da sein, aber deine Verzweiflung kann dich blind machen und dich daran hindern es zu sehen.

Ich sage …

Nichts, was du gemacht hast, ist so schlimm, nichts was dir passiert ist, ist so unwiderrufbar, dass es nicht geheilt werden kann. Ich kann und werde dich wieder ganz machen.
Aber du sollst aufhören dich selbst zu verurteilen. Der, der am meisten beurteilt, bist du. Die anderen beurteilen dich vielleicht nach dem, was sie äußerlich sehen können, aber sie kennen dich nicht, sie sehen dich nicht und deshalb ist ihr Urteil nicht gültig. Hör auf dieses als gültig zu betrachten und sie dir zu eigen zu machen. Sie haben keine Bedeutung.

Warte nicht darauf, dass andere dich sehen sollen, wie du wirklich bist, weil sie dich durch ihren eigenen Schmerz sehen. Sei dir stattdessen gewiss, dass ich dich als wahres Wunder sehe und dass das, was ich von dir sehe, vollkommen ist. Wenn ich dich sehe, habe ich nur einen Gedanken: „Das ist mein Geliebter, an dem ich mich Wohlgefallen finde."

Ich sage …
Vergebung ist nicht notwendig in Gottes Reich. Gott kann man nicht beleidigen oder ihm schaden auf irgendeine Weise. Es gibt nur eine Frage im ganzen Universum, die etwas bedeutet, und diese hat nichts damit zu tun, ob du schuldig oder unschuldig bist. Es hat etwas zu tun mit deiner Identität. Weißt du, wer du wirklich bist? Wenn du das weißt, verschwindet ein jeder Gedanke über Einsamkeit, eine jede Idee um Unwürdigkeit, alle Vorstellungen über Hoffnungslosigkeit werden zu einem wundervollen Bewusstsein verwandelt zu dem Wunder, das dein Leben ist. Und dieses Wunder bist du.

Und zum Schluss mein Liebes will ich sagen…
In gerade diesem Augenblick bist du von hunderten Engeln umgeben. Nehme nun ihre Hilfe an und gebe dadurch ihre Geschenke an andere weiter. Denn nur, wenn du gibst, wirst du empfangen und nur durch Heilung kannst du geheilt werden. Das Wunder, auf das du gewartet hast, hat auf dich gewartet. Du

wirst es wissen, wenn du zu dem Wunder geworden bist, worauf ein anderer wartet.

Gehe deshalb, vollführe deine Wunder und lasse deinen Tod deinen herrlichsten Augenblick sein und nicht eine Verkündigung der größten Sorgen. Benutzte den Tod als einen Gegenstand, um etwas zu erschaffen, nicht als einen der kaputtmacht, sondern benutzte ihn als etwas, das dich voranbringt und nicht um zurückzugehen. Mit dieser Wahl ehrst du das Leben selbst und das Leben hat dir die Möglichkeit gegeben, dich zu deinem größten Traum zu bringen, während du in deinem physischen Körper lebst: Letztendlich Frieden in der Seele."

...

Ach – es ist so schön, diesen letzten Abschnitt noch einmal zu lesen von Gott (d.h. von meiner eigenen Seele an mich selbst). Ich habe seit vielen Monaten nicht mehr an diesem Buch geschrieben. Das Schreiben soll natürlich entstehen. Das habe ich als Dichter und Schreiber gelernt. Das Schreiben entsteht für mich als spontane Reaktion auf etwas, das sich in meinem Inneren gerührt hat und was die Sprache verwirklicht für andere und für mich selbst, wenn ich und die anderen das Geschriebene (wieder) lesen.

Es ist wie mit Gedanken, die zu Worten werden. Erst sind sie unsichtbar, aber wenn Worte zu einem Gedanken umgesetzt werden, dann manifestiert er sich in der äußeren Welt. Das Göttliche (das Leben) wird mit anderen Worten sichtbar durch Worte.

Das ist auch die Formel für alles Leben: Aus dem Leben entstehen Gedanken, aus Gedanken kommen Wörter und aus Worten entsteht die physische Welt. Das ist möglich, weil Worte und Gedanken in ihrer Grundform Energie sind, die durch die Anpassung von großen Mengen zur physischen Wirklichkeit (Materie) werden. In der physischen Welt ist Handlung möglich, und durch Handlung entsteht Erfahrung. Dadurch erschafft das Göttliche (die Seele) sich über Worte und Gedanken eine physische Wirklichkeit, worin das Göttliche (die Seele) das erfahren kann, was es in der geistigen Welt schon weiß, aber noch nicht durch die physische Welt erfahren hat.

Es ist alles zusammen beschrieben in Neale Donald Walschs Buch „Zuhause in Gott – Über das Leben nach dem Tode". Und wieder empfehle ich mir selbst und anderen, dieses Buch (nochmal) zu lesen.

Ich habe beschlossen meine Medizin zu reduzieren

Ich habe viel erlebt in der letzten Zeit. Ich habe u.a. beschlossen meine Medizin zu reduzieren nach zwei ruhigen Jahren, wo ich alles in allem zusammengerechnet nur einmal in der Dosis heruntergegangen bin. In dieser Zeit erlebte ich besonders zum Schluss, dass ich Ruhe in meinem Inneren fand und dass mein inneres Licht (meine Seele/mein Bewusstsein) anfing klarer zu leuchten.

Meine Medizinreduktion in den letzten zwei Monaten war hart, aber die letzten vier bis fünf Tage ist es so, als ob die Entzugserscheinungen abnehmen und ich erlebe mehr inneren Frieden als ich sonst hatte. Diese Zeit war voll mit psychischem und physischem Stress und Schmerz. Und das, obwohl ich wirklich vorsichtig reduziert habe.

Ich habe wieder Poker gespielt und es war schwer meinen Schmerz nicht widerzuspiegeln, den ich in meinem Inneren habe. Weil ich gewinnen will und wenn ich das nicht tue, werde ich wütend und dann verliere ich die Vernunft im Spiel und dann verliere ich auch noch Geld. Der andere „Haken" beim Pokerspiel ist, dass ich es mein Leben steuern lasse. Ich kann dann nicht mit dem Spielen aufhören und spiele immer weiter, denn desto mehr ich spiele, umso unbewusster werde ich. Und wenn ich mich nicht mehr selbst merke, dann kommt der Schmerz - und das gilt fürs Pokerspiel wie es auch für alles andere im Leben gilt.

Bevor ich die Medizinreduktion vorgenommen habe entdeckte ich, dass ich die Tendenz hatte, mich selbst von außen wahrzunehmen. Das heißt ich war mehr damit beschäftigt mich zu fragen, wie andere mich erleben und auf mich reagieren, als dass ich damit beschäftigt war, wie ich selbst auf andere reagiere und diese erlebe. Ich habe herausgefunden, dass, wenn ich dabei bin die Welt von innen zu erleben (hinter meinen Augen), es meinen Schmerz reduzieren kann und meine Nähe steigern, weil ich auf diese Weise einen Zugangspunkt in mir selbst habe anstatt zu anderen. Es ist auch als ob sich, wenn ich meine innere Welt erlebe, ein Feuer entzündet, das alles Unangenehme verbrennt, und das hinterlässt in mir dann diese unbeschreibliche Ruhe und Klarheit.

Meine innere Höhle

Wenn ich in mich selbst gehe und mir die Welt von innen nach außen anschaue, dann entsteht dieses Erlebnis von innerer Ruhe. Als ob ich in meine eigene Höhle oder in meinen Kontrollturm gehe, wo nichts von außen die Ruhe stören kann, die ich in meinen Inneren fühle. Man könnte sagen, dass ich unberührbar bin für die äußeren Einwirkungen, ohne dass sie so verstanden werden sollen, als ob es mir egal wäre. Denn mit der inneren Ruhe kommt auch mehr Liebe zu mir selbst und zu allem um mich herum.
Ich kann doch noch immer die Tendenz haben, wenn ich mich selbst von innen erlebe nach außen, mich „blind zu starren" an einem inneren Zustand oder Emotionen und mich somit zu verschließen. Das ist nicht so gut für mich. Ich merke, dass es ein Ausdruck dafür ist, dass ich Widerstand ausübe, da nichts im Leben verschlossen ist, sondern sich ja stattdessen die ganze Zeit bewegt. Jeder Augenblick beschert mir die Möglichkeit, mich selbst aufs Neue zu erleben und gleichzeitig zu sehen, dass selbst der Schmerz, den ich in meinem Inneren fühle, die ganze Zeit seine Struktur und Form verändert.

Das höchste Vertrauen zum Leben

Alles im Leben ist ständig neu, und wenn ich aufmerksam dafür bin, entdecke ich, dass ich Zeuge eines Feuerwerks von Ereignissen bin, das unendlich stattfindet in meinem inneren sowie meinem äußeren Universum. Wenn ich somit meine Kontrolle loslasse in mir und außerhalb von mir, dann erlebe ich, wie sich alle Dinge präzise so bewegen können, wie sie es wollen. Diese Ebene des Loslassens fühlt sich für mich wie ein Ausdruck des höchsten Vertrauens an, das ich zum Leben und zu mir selbst haben kann.

Das Vertrauen ist das gleiche wie das Vertrauen, das Gott (das Leben) den Menschen zeigt. Alles ist zugelassen. Wir können machen was wir wollen und das Wunder ist, dass wir ungeachtet dessen, was wir fühlen, denken, sagen oder machen, doch BEDINGUNGSLOS von Gott geliebt werden. Wenn ich so mein eigenes Leben praktiziere, was Gott in noch viel größerem Umfang tut, dann entsteht eine Harmonie in meinem Inneren, da ich dem Leben erlaube, genau das zu sein, was es IST - endlose Bewegung!
Kein Schaden ist erstanden, nichts Böses wurde verursacht. Ich bin im Leben, um Dinge zu erfahren, die meine Seele bereits kennt, und wie kann das höhere Ziel des Lebens in sich selbst „böse" sein?

Wenn ich mich selbst begrenze, übe ich so gesehen Gewalt auf meine Natur aus, da meine Natur Freiheit (Liebe) enthält, und die Freiheit der Natur begrenzt ja wie gesagt keiner und nichts. Deshalb muss ich auch auf meine eigene Natur vertrauen und die Dinge geschehen lassen in mir selbst wie auch außerhalb von mir. Gleichzeitig soll ich wissen, dass alles gut ist. Alles ist gut, weil das Leben, das in mir ist, nie vergeht - ganz egal was sonst in meinem Leben geschieht. Am Ende ist es das, was ich hier auf Erden erfahren und verstehen soll.

Für diejenigen, die sich fragen: *Können wir dann einfach alles machen, ohne Verantwortung dafür zu haben, da wir immer von Gott geliebt sind?* Hier würde ich sagen: Ja, du kannst machen, was du willst. Aber der springende Punkt ist eigentlich nicht, dass du machen kannst, was du willst. Die Frage ist: Was wünschst du zu machen? Da ein jeder, der sich selbst kennt, auch seine höchste Wahl kennt, das für jede Situation gilt. Und die höchste Wahl, die für jede Situation gilt, ist immer eine *liebevolle* Wahl. Haben nicht alle Meister (Jesus, Krishna, Buddha usw.), die auf dieser Erde gewandelt sind, in Übereinstimmung mit dieser Wahl gehandelt? Nein?

Mein Verstehen von Beziehungen

Beziehung erlebe ich als eine höhere Form und Möglichkeit für die Entwicklung auf der persönlichen Ebene. Es ist ein Zusammenspiel, wo beide Partner sich entwickeln durch das Zusammensein mit dem „besonderen anderen". Wenn und falls beide Partner sich trauen ehrlich zueinander zu sein, gibt es keine Grenzen, wohin sich die persönliche Entwicklung bewegen kann. In einer Beziehung geht es nicht darum, wer „Recht" hat, aber darum, dass eine gegenseitige Entwicklung zwischen den Partnern entsteht. Das Ausschlaggebende ist letztendlich nicht, ob man zusammenbleibt oder sich trennt, sondern ob man vollständig dabei ist und sich engagiert in der Beziehung, so lange sie vorhanden ist. Warum sollte man sonst überhaupt in einer Beziehung leben?

Ich erschaffe das, woran ich glaube

Das Wunder ist: Wenn ich daran glaube, erschaffe ich präzise diese Entwicklung für mich selbst. Das kann etwas beängstigend sein, weil ich aufmerksam sein muss, was ich im Alltag sage und denke. Aber meistens ist es eine Befreiung zu wissen, dass dieser Zugang und die Sicht, die ich auf die Wirklichkeit habe, in meiner äußeren Welt sowie auch in meinem inneren Universum verwirklicht wird. Wenn ich in dieser Weise selbst meinen Zugang wähle zu den Dingen, die im Leben geschehen, dann erschaffe ich auch meine ganz eigene Wirklichkeit.

Das bedeutet - ganz wortwörtlich - aus der Opferrolle herauszutreten, in der sich die Menschen seit Jahrtausenden befinden, und der auch ich mich mein ganzes Leben lang untergeordnet habe. Es ist das Höchste in der Evolution. Denn wenn erst ich, und die Menschen im Allgemeinen, Verantwortung für unser eigenes Leben und Schicksal übernehmen - wer will dann dem anderen etwas vorhalten? Und noch wichtiger:
Es gibt nicht länger Opfer der Wirklichkeit, sondern nur Erschaffer!

...

Ich hatte lange eine Wut und Frustration gegen das Unwissen, das diverse Religionen repräsentieren in deren Auffassung von „Gott". Ich habe diese Frustration gegenüber meiner Facebook-Freundin dargestellt, sie gehört in meinen Augen einer fundamentalen Glaubensrichtung an. Ich gebe hier meine Worte wider an sie, weil es genau das ausdrückt, was ich auf dem Herzen habe, wenn es um die Weltreligionen geht und deren Auffassung von „Gott":

Kaspar:
„Hallo Anne (Name geändert)! Auf aramäisch (die Sprache, die Jesus sprach) bedeutet „Hölle" das „man neben sich steht". Das Wort „Hölle" wurde in der Zeit, zu der Jesus lebte, nicht als ein „Ort", sondern stattdessen als ein „Sinneszustand" gebraucht. Ich finde es ärgerlich, dass die Menschen, die die Worte aus der Bibel predigen, oft nicht begriffen haben, was diese Worte überhaupt ursprünglich bedeuteten und in welchen Zusammenhang sie gebraucht wurden. Wo das nun gesagt ist, wünsche ich dir einen schönen Tag."

Anne:
– Bitte?

Kaspar:
Du hast mir gesagt du weißt, dass die „Hölle" existiert und ich erzähle dir, dass sie das bestimmt tut, aber nicht als ein „Ort", wo man hinkommt, sondern als ein „Sinneszustand" - wenn du also an deren ursprüngliche Bedeutung glauben solltest.

Viele, die auf das Wort der Bibel schwören, haben keinen Respekt davor, dass dies zu einer Zeit geschrieben wurde, wo die Auffassung von den Menschen und der Erde eine ganz andere war, und deshalb kann es schwer für die Menschen der heutigen Zeit sein, dies zu verstehen. Wenn man an Gott glaubt, weil man über ihn in der Bibel gelesen hat, dann glaubt man real nicht an Gott, sondern an seine eigene AUFFASSUNG von Gott mit dem Ausgangspunkt von dem, was man in der Bibel über ihn gelesen hat.

Wäre es nicht stattdessen toll zu entdecken, wie Jesus im Übrigen im Thomasevangelium predigt, dass Gottes Reich in dir ist und außerhalb von dir. Gottes Leben ist das selbige Leben, das du BIST?

Wenn du dich erst selbst erkennst, kannst du in Wahrheit darüber reden, wer Gott IST, denn dann gibt es keine Trennung mehr zwischen dir und dem Göttlichen. Denn du BIST göttlich und das Göttliche BIST du. Und hier spreche ich nicht über deinen Körper, sondern über deine Seele, das bewusste Leben, das bist du.

Ich schreibe dir dieses, weil ich die Nase voll habe von allen möglichen religiösen Richtungen, die über Gott reden, nur weil die Leute über ihn in einem Buch gelesen haben ohne jegliche reale Erkenntnis dafür, wer oder was Gott IST. Erkenne dich selbst und du kennst Gott! Du solltest auch intellektuell klug genug sein, um das einzusehen, wenn ich dich richtig kenne.

Und es ist ja nicht, weil ich Gott von dir nehme.
Ich gebe dir die Möglichkeit, Gott durch dich selbst zu erleben.
Welches größere Geschenk kann ich dir sonst aufzeigen?
Welches größere Geschenk kannst du dir selbst machen?"
Schön ein paar Worte über meine Frustration auszudrücken!

Mein Schmerz heilt sich selbst

In der letzten Woche habe ich wieder eine Veränderung in meiner inneren und äußeren Welt erlebt. Ich habe in dem letzten Abschnitt beschrieben, wie ich praktiziere mir selbst keine Grenzen zu setzen. Dies ist, wie sich gezeigt hat, ein Wendepunkt für mich gewesen. Gleichzeitig versuche ich alle Dinge so zu erleben wie sie genau SIND - auch Schmerz – und dadurch erlebe ich eine wachsende innere Stille. Der Schmerz ist noch immer da, aber nun sehe ich wieder: **Wenn ich den Schmerz sein lasse, was er IST, dann heilt er sich selbst!**

Wenn ich wie oft zuvor versuche, den Schmerz zu lindern und Widerstand auszuüben oder ihn nicht akzeptieren will, wie er ist, dann hindere ich den Schmerz daran, sich frei zu bewegen. Mit anderen Worten: Ich hindere den Schmerz daran, sich selbst zu heilen! Und noch nicht genug damit: Durch die viele Energie, die ich gebraucht habe, um Widerstand auszuüben, hat sich mein Inneres verschlossen. Dadurch, dass ich nun nicht mehr länger gegen meinen Schmerz ankämpfe, bekomme ich eine „Auszeit" von mir selbst, die sich wie eine RIESIGER innerer Frieden und Erleichterung anfühlt.

Das bedeutet nicht, dass der Schmerz weg ist. Ich erlebe noch immer Schmerz. Und der Schmerz tut noch immer „weh". Aber ich gebe mir nun selbst die Erlaubnis, die Natur des Schmerzes zu erleben, da ich nun nicht mehr, wie so oft vorher, damit beschäftigt bin Widerstand gegen meinen Schmerz auszuüben. Das, was ich dann erlebe ist, dass Schmerz wie alles andere auch eine selbstständige Energie ist, die in konstanter Bewegung ist und die bestimmt auch ein Anrecht auf ihren Platz hat – genauso wie alles andere.

Der Schmerz IST mein Freund

Schmerz ist bestimmt nicht irrational. Daran muss ich mich erinnern. Er ist (gesammelte) Energie, die entsteht, wenn ich Widerstand ausübe gegen etwas in mir oder außerhalb von mir. Schmerz ist mit anderen Worten ein Signal der Seele, das mir erzählt, dass ich nicht in Übereinstimmung mit meiner Natur handle, denn meine Natur setzt ja alle Dinge frei.

Auf diese Art ist der Schmerz nicht länger ein „Problem" für mich. Der Schmerz ist dagegen ein gerngesehenes Geschenk, das mir erzählt, dass ich ALLEM Platz geben soll. Sowohl in mir als auch außerhalb von mir. Der Schmerz ist mein Freund, und wenn ich nun Schmerz fühle, weiß ich darum, dass alles so IST, wie es sein soll, da mein Schmerz eine vitale Funktion hat: er führt mich zu einem göttlichen Ziel, der mir ABSOLUTE Freiheit gibt in allen Formen und Dingen.

Wenn ich nun meinen Schmerz bemerke, dann weiß ich, dass ich mich daran erinnern muss, dass ich meinen Schmerz freilassen soll - genauso wie ich mich selbst und alles andere freilassen muss im Leben.

Natürlich kann mein Schmerz noch immer „unangenehm" sein. Auch mit diesem Wissen - manchmal tut er richtig „weh". In diesen Situationen hilft es mir zu wissen, dass hier nichts „verkehrt" ist. Dass mein Schmerz nicht bedeutet, dass etwas schiefgelaufen ist mit mir oder mit meinem Leben. Aber dass mein Schmerz dort ist, weil mein Körper dabei ist ein Ungleichgewicht zu stabilisieren, das in mir oder mit mir geschieht. Und hier ist es ganz sicher nicht meine Aufgabe, mich zu widersetzen, sondern dies vielmehr geschehen zu lassen.

In Gangajis Buch „Der Diamant in deiner Tasche: Licht und Liebe in sich entdecken" mit einem Vorwort von Eckhart Tolle provoziert die Autorin an einem Punkt ihre Leser wenn sie sagt: „Ich möchte eine präzise und provozierende Tatsache hervorheben. Ich möchte dir empfehlen, dass du immer leidest. Was ist schlimm daran zu leiden? Welcher Gedanke oder Stimme sagt dir in deinem Kopf, dass Leiden verkehrt ist? Schmerzvoll ja, aber doch nicht verkehrt."

Zum Abschluss, aber auch in Verlängerung zu Gangajis provozierender und kluger Aufforderung, möchte ich mich selbst und meine Leser daran erinnern: Was glauben Sie passiert, wenn Sie aufhören, Ihre Energie zu benutzen, um den Schmerz zu umgehen? Es könnte ja sein, dass Sie etwas Schönes finden würden. Es könnte ja sein, dass Sie, wenn Sie den Schmerz sein lassen, was er IST, entdecken … IHNEN SELBST!

Und wenn der Schmerz so groß wird, dass sie nichts anderes mehr sehen können als den Schmerz, dann denken Sie daran: Auch der Schmerz wird vergehen - wie alles andere auch, was Sie in Ihrem Leben erleben. Sage Sie zu sich selbst, wenn alles zu schwer wird: Auch dies geht vorüber!

• • •

Neale Donald Walsch schreibt auf seine Facebook-Seite über die Arbeit mit der Selbsterleuchtung:

"You may not be in this jail right now. It is hoped that you are not, that even a bit of what you've read here has brought you sufficient reminders to get you out of your imprisonment. Yet wherever you are right now, if you look around you, you will notice that most people have not fully understood the phrase "Free Will". Their current thought is not combined with their present awareness.

You can now always tell if you have slipped back into that place yourself. It is when your current thought is not connected to your eternal awareness, when your mind is not combined with your soul. It is when your current thought is negative.

If your thought is a negative one, you are without question coming from your mind alone. You know this because the soul, where eternal awareness resides, is incapable of negativity of any kind. It knows too much. It is too much. It is infinite, while the mind is finite.

Current thought can, of course, also be positive. Not all thought is negative. The mind can be either negative or positive, depending (quite literally) upon the mood of the moment. The soul, on the other hand, is incapable of such duplicity.

The eternal awareness arising from the soul will, therefore, never produce negative energy of any kind. Your mind, on the other hand, can produce an unending supply of it.

Yet stand where the mind and soul come together and the soul's positivity converts whatever negativity the mind may at any moment hold — using gratitude, recontextualization, compassion, forgiveness, and meditation.

These tools cause the sheer uplifting power of the positive to supersede the draining energy of the negative. But none of it will happen — none of it — without you first entering fully into wil- lingness.

We can become lighter & lighter.

We can pull from the soundless sound. We can sit completely still in movement.
We can open every cell, as wide as it can open.
How, you say? And I daresay by willingness first.
Then faith in the unbelievable.
By perseverance beyond your idea of it, then by layer upon layer of patience.
Now, grace moves through, unannounced. Now, the unimaginable. Miracles.
Then Darkness. The Womb. Gestation. Birth. Then Light.
Then willingness again . . ."

Das ist Poesie für mich. Es beschreibt die ewige Bewegung des Lebens vom Licht in die Dunkelheit und wieder zurück ins Licht. Das reinigt meine Seele. Danke Neale! Danke Gott!

• • •

Ich bin auf dem Weg, dieses Buch zu beenden – aber nicht am Ende mit meiner spirituellen Reise. Denn nun weiß ich, dass meine spirituelle Reise niemals aufhört, sondern unendlich weitergeht - wie das Leben selbst.

Ich hatte den Gedanken, dass ich mein Buch beenden würde, wenn ich dahin gekommen wäre, wo ich hinwollte. Was wohl heißt: in irgendeine Art erleuchteten Zustand. Dort fühle ich, dass ich nun bin!

Ich bin noch immer unbewusst. Ich habe noch immer negative Gedanken. Ich verliere noch immer die Selbstkontrolle. Trotzdem fühle ich einen wachsenden Frieden und Ruhe in meiner Seele, der über das hinausgeht, was Worte beschreiben können.

Meine Seele - mein Bewusstsein - ist das Zuhause, in das ich zurückkehren kann, bei jedem noch so negativen Gedanken oder Gefühlen, und unmittelbar Linderung finden kann. Meine Seele beschützt mich jetzt wie eine weiche Bettdecke, die ein jedes Erlebnis, das in meinem Leben geschieht, zu einem Wunder macht. Hier denke ich nicht an den Lottogewinn, das Verlieben in einen anderen Menschen, berühmt zu sein oder andere vergängliche Erlebnisse, sondern vielmehr an die einfache Tatsache, dass ein jeder Augenblick wunderbar, magisch und schön ist, weil ICH wunderbar, magisch und schön BIN - manchmal so sehr, dass es fast ein wenig zu viel ist.

Ich weiß, wie geschrieben, dass es kein Ende auf dieser Reise hin zum „erleuchteten Zustand" gibt. Die Reise setzt sich fort in das Unendliche. Ich habe unerschöpfliche Potentiale, und dieses Potential beginnt mit der Entdeckung meines eigenen Bewusstseins (meiner eigenen Seele). Ich kann wie Jesus sein und auf dem Wasser wandern und Wasser in Wein verwandeln. Ich kann meinen physischen Körper auflösen, wie in der Bibel beschrieben und „in den Himmel auffahren" als ein strahlendes Licht. Ich kann fliegen (ja!) und ich kann vor allem niemals sterben.

Das hört sich vielleicht merkwürdig an für einige. Auch wenn ich bis jetzt - noch - keine von den metaphysischen Eigenschaften erreicht habe, die ich oben beschrieben habe, weiß ich dennoch, dass alles dieses möglich ist. Denn ich habe diese Quelle in mir gefunden zur Verwirklichung all dieser Dinge, und deshalb weiß ich, dass diese Quelle ICH BIN.

Gepriesen sei meine Seele!
Gepriesen sei mein Leben!

Gepriesen sei ICH!

Ich möchte mir selbst ein Geschenk machen. Ich wünsche mir selbst die Regeln von allem Spirituellen und allem Leben zu erzählen.
Bin ich dazu bereit?
Denken Sie daran: Diese Regel wird mir alles geben, was ich mir jemals gewünscht habe für mich selbst!
Sicher?
Es wird mein Leben für immer ändern!
Okay, hier kommt es:

ES GIBT keine Regeln

Literatur- und Inspirationsliste für dieses Buch

Lorna Byrne: Engel in meinem Haar: Die wahre Geschichte einer irischen Mystikerin
Die Bibel
De store skabere (i verdenskunsten) – Nur in dänischer Ausgabe
Deepak Chopra: Heilung: Körper und Seele in neuer Ganzheit erfahren
Deepak Chopra: Schattenarbeit: Wachstum durch die Integration unserer dunklen Seite
Deepak Chopra: Leben nach dem Tod: Das letzte Geheimnis unserer Existenz
Gangaji: Der Diamant in deiner Tasche: Licht und Liebe in sich entdecken
J. Krishnamurti: „Vollkommene Freiheit"
Das Maria Magdalena Evangelium
Anthony de Mello: Perlen der Weisheit - Die schönsten Texte von Anthony de Mello
Wanda Pratnicka: Possessed by Ghosts
Michael A. Singer: Die unbändige Seele: Ein Weg der Befreiung
Huston Smith: Die sieben großen Religionen der Welt: Eine Wahrheit, viele Wege
Eckhart Tolle: Facebook
Eckhart Tolle: Jetzt! Die Kraft der Gegenwart
Eckhart Tolle: Eine neue Erde: Bewusstseinssprung anstelle von Selbstzerstörung
Eckhart Tolle: Leben im Jetzt: Das Praxisbuch
Eckhart Tolle: Stille spricht: Wahres Sein berühren
Das Thomasevangelium
Neale Donald Walsch: Gespräche mit Gott – Band 1-3

Neale Donald Walsch: Zuhause in Gott: Über das Leben nach dem Tode
Neale Donald Walsch: Facebook